開始玩戲劇

11-14 歲

中學戲劇課程教師手冊

Beginning Drama 11-14

Jonothan Neelands 著

歐怡雯 譯

Beginning Drama 11-14

SECOND EDITION

Jonothan Neelands

目　錄

第一部分　戲劇課程

（正文頁邊數字係原文書頁碼，供索引檢索之用）

作者簡介

Jonothan Neelands

現任英國華威大學（University of Warwick）商學院創意教育教授、戲劇與劇場教育主席。國際知名的教育戲劇學者及培訓專家，提出了許多有影響力的教育理論及方法。他的著作廣受世界各地教師及戲劇工作者歡迎。重要著作有 *Making Sense of Drama*（中譯本《透視戲劇：戲劇教學實作指南》，心理）、*Learning through Imagined Experience*、*Structuring Drama Work*（中譯本《建構戲劇：戲劇教學策略 70 式》，成長）、*Beginning Drama 11-14*（中譯本《開始玩戲劇 11-14 歲：中學戲劇課程教師手冊》，心理）、*Advanced Drama and Theatre Studies Theatre Directions*，以及 *Improving Your Primary School Through Drama*。

譯者簡介

歐怡雯

　　澳洲 University of Melbourne 教育研究所藝術及創意教育部博士候選人，應用戲劇工作者，英國 University of Exeter 戲劇系應用戲劇碩士。在兩岸三地從事有關應用戲劇教學、課程設計、教師和工作者培訓、教育劇場演出及研究發展等工作。2007 年在香港舉行的第六屆「國際戲劇／劇場與教育聯盟大會」擔任學術委員會聯合主席。譯作有《開始玩戲劇 11-14：中學戲劇課程教師手冊》及《酷凌行動：應用戲劇手法處理校園霸凌與衝突》。

致　謝

　　這本書獻給一些你會想到的人——你會知道你是誰，你會在本書中找到你的影響。特別鳴謝勃頓（Gavin Bolton）、布思（David Booth）、道博森（Warwick Dobson）、英格利斯（Fred Inglis）在整個過程中敦促我的寫作，給我很多意見。感謝布思與佛萊明（Mike Fleming）建議我撰寫這本書。亦感謝艾克洛（Judith Ackroyd）與卓斯戴爾（Jo Trowsdale）協助閱讀本書初稿。

　　我期望沒有在此列出姓名的朋友、教師及PGCE[1]的學生能夠明白，此書的工作就像每一個計畫案一樣，絕對不能沒有你們的付出及支持。

1　譯注：學士後教育證書 PGCE（Postgraduate Certificate in Education）是由英國政府特設並直接頒發的英國研究教育專業資格證書。它是一個針對教師的職業培訓，內容結合理論和實務的訓練，為期一年，供想成為小學或中學教師的大學畢業生修習。

介　紹

　　原書第一版的 *Beginning Drama 11-14* 是為了回應第三學習階段（Key Stage 3）[1] 的戲劇課。當時，此版本為新任或經驗不足的戲劇科教師提供教學指引，特別是有關評量的辦法，以及如何設計漸進式的戲劇課程。

　　近年，坊間有不少關於評量和漸進課程的教學參考書籍付梓，如肯佩（Andy Kempe）和艾許威爾（Marigold Ashwell）撰寫的 *Progression in Secondary Drama*[2]，其中詳細地勾勒了漸進課程的設計，並清楚地為學生如何達致不同程度的評量提出建議。

　　最近，不同政府部門和相關機構還出版了幾份有關第三學習階段戲劇課的課程指引。這些文件都顯示戲劇課在英國教育制度中持續地發展，以及戲劇與其他政府教育政策重點（如國家語文政策、第三學習階段策略及公民教育課程）的聯繫。

　　本書則是為了回應上述的出版品如 *Progression in Secondary Drama* 和政府文件，尤其是為第三學習階段國家策略（KS3 National Strategy）所出版的《戲劇教學目標庫》（*The Drama Objectives Bank*）[3] 提供輔助參考。在政府規定的戲劇課程還未出現時，

1　譯注：可參照 p. xv 之表格。

2　Kempe, A. & Ashwell, M. (2000). *Progression in Secondary Drama*. Heinemann.

3　如欲閱讀整份文件，可到這個網站參考 http://www.standards.dfes.gov.uk/keystages。

這份文件也就成為了專任戲劇教師設計、教授和評估第三學習階段戲劇課程的重要指引。

第二版主要更新了第一部分及第三部分的內容。第一部分「戲劇課程」是根據《戲劇教學目標庫》和其他指引文件而重新編寫，包括對漸進（progression）概念和評量的新看法。第三部分則增添三個新的參考教案，並更新了參考書目。

本書並重新強調了有關社會、美學面向與戲劇的教、學之關聯和價值。戲劇教師當然認為戲劇能獨立成一門學科，會更勝於把它附屬於英語科中的一環。但是，戲劇科教師也不應該忽略英語科和人文學科中所重視的文化與社會議題。對我而言，戲劇是一門沒有藩籬的學科，它既可以豐富其他科目，也可以被其他學科的教學策略和意念來充實，彼此相得益彰，且可以引領成為一個發展高質素的教與學方法的新跨學科重點。出色的教學法是沒有學科界限的！

中文版序

各位朋友們:

　　當知道將會有更多新朋友能夠透過此中譯本讀到 *Beginning Drama 11-14* 時,我感到相當榮幸。這個版本的面世反映了戲劇在以中文為本的學校中的巨大發展。戲劇教育果真是一門國際性的教與學手法。我非常高興能讓怡雯為此版本繙譯。她是眾多負笈英倫接受戲劇教育培訓之戲劇工作者及教師之一,學成而歸,參與培訓教師工作,推動戲劇教育在學校課程之發展。此版本是特別獻給那些努力地將戲劇帶進學校系統、把戲劇作為一份禮物帶給孩子的先鋒們。

　　本書期望能協助教師建立一套專為 11 至 14 歲青少年而設的戲劇課程。當戲劇成為學校中的一個正規科目時,教師就必須要決定教些什麼、如何幫助學生在戲劇學習上做得更好、如何教授及評量學生等問題。這些也都是本書涵蓋的主題。雖然當中的課程模式是根據英國的教育制度而設計,但是你絕對可以依照在地的需求及情況而作修改。

　　這本書深信戲劇是學校中一個豐富的生活實踐,一個擁有獨特價值的文化學科,一個重要的跨課程教學方法。這裡強調的是要孩子身體力行而非只坐著來學習戲劇,藉著戲劇來達致不同目的,如提供娛樂及獲得藝術的愉悅。所以,本書把戲劇作為一門

學科及作為一個學習的過程揉合在一起；確認了學生能有權利去學習戲劇科的同時，也可以透過戲劇技巧來學習其他科目。因此，在中國文化中的學生亦有權利去學習自身文化中的劇場及表演傳統如京劇、歌仔戲等，藉此讓新一代把這些傳統保存及為其注入活力。在英國，本書亦是用來為一些打算在 16 至 18 歲時參加戲劇與劇場學科的公開考試的學生而作準備。

　　戲劇的教與學是建基於一系列非常精細及富啟發性的教學法，如提問技巧、小組協作、對話、解難、高階思維、擬真情景、鷹架及情意發展。戲劇教師所需具備的特定技巧、角色及知識將在書中第二部分詳列出來。戲劇教育的信念：有質素的教與學能夠深深地影響學生的情感、個人和社交及認知方面的發展。書中提到許多有效戲劇教學的技巧，對於教授其他科目也相當合用。故此，戲劇教師在當中所用到的知識，亦同時對教授其他科目的教師有莫大幫助。

　　我祝願你們在戲劇的歷險中能夠得以順利。要知道在你們手中正握著能協助他人在個人、學業、道德及精神上成長的力量。一所沒有戲劇的學校是一所沒有靈魂的學校。

Jonothan Neelands 博士

寫於英國華威大學

2006.6

林 序

對「戲劇教育」的初次接觸是二十年前在美國進修時，當時系上有三位教授參與七年長期戲劇教育研究計畫——在亞利桑納州的學校實驗戲劇教學的效果。因此，每次上「戲劇教育專題」時，除了針對英美各大戲劇教育家作討論外，最令師生們感興趣的議題就是——「到底戲劇教育在學校的定位是什麼？」、「學校的課程中該教些什麼？」、「應重視學科本質的教導或重視議題探討及個人成長？」、「到底戲劇／劇場的形式與內容，何者重要？」、「是 drama，還是 theatre？」、「如何設計課程？用何種教學法？評量該怎麼做呢？」。

上述的問題不僅存在於美國，英國教育戲劇界對「教育戲劇vs.專業劇場」、「戲劇作為教學法 vs. 戲劇作為藝術學科」等議題，也前後持續四十年之久的筆戰。同時，在英國國家課程中，「戲劇」的定位也一直是學者們關心的問題。而在台灣，近年隨著九年一貫「表演藝術」的設置，也有許多教育學者及現場老師對相同的問題有著高度的關切。而到底這些問題該如何解決呢？本書的作者Jonothan Neelands，企圖跳脫多年來戲劇在「個人」、「社會」或「藝術美學」的衝突，嘗試以一種均衡的觀點來探討「教育戲劇」與「劇場傳統」的關係及相關課程的問題。

在 Neelands 的概念中，「戲劇教育」中的社群關係就如同傳統社區劇場的公民互動關係，如他所言：「在地社區及許多傳統

的社會中，劇場為社區提供了一個公開辯論、確立及挑戰文化和維繫社區的場地。這種讓整個社區成員共同參與的藝術創作過程，加強了他們本身的文化聯繫，當中每一個人可稱為藝術家與製作人」。上述的「劇場參與」重視口耳相傳的生活經驗、強調製作過程和參與者即時分享經驗，這與學校中「戲劇教育」應有的特點類似，都是希望透過「創作戲劇的方式，達到學生意識到生活在同一社區團體裡」的目的。

本書焦點是以「中學戲劇課程」（小六至中學二年級）為主，其目的為提供第三學習階段（KS3）國家策略所出版的《戲劇教學目標庫》提供輔助參考之書。課程內容中除了銜接第四階段高中課程之「戲劇」選修課（為 GCSE 考試之準備）外，它同時也顧及一般學生與教師在英語課程的學習需要。全書共分三部分，第一部分先釐清基本的教學目標、內涵與課程設計模式；同時，在教學方法和評量上也提供了寶貴的意見。第二部分以戲劇教師的角色為主軸，包含管理者、倡導者、促導者、演員和戲劇指導者。Neelands 也建議老師們應在戲劇技巧與戲劇知識上加以充實。在技巧的部分，他仔細說明教師如何提問、訂定契約、建立信賴、建構課程及戲劇技巧的運用。另外，在知識的部分，他則建議老師們多充實戲劇的實務知識、理論知識、技術知識、歷史知識及文化知識。最後，在第三部分，他提供了三個具體實例，說明前述的課程如何在七、八、九年級中實踐的歷程，對現場教學者而言，這是最珍貴的部分。

細細拜讀了本書，不得不欽佩 Neelands 在「劇場」與「教育」兩邊所擁有的超人智慧與深厚功力。我尤其羨慕他能穿梭於

各種「戲劇課程」的繩索上，還能予人一種悠然自得的「平衡感」。所謂的「平衡感」包含了戲劇的內容與形式、戲劇專科教育與一般教育目標、國家性課程與地域性課程、劇場傳統與學生自身經驗、目標與評量、課程與教學、方法與實例等。而這種能夠同時維持「平衡」且「多元」的能力，就成為本書最大的特色。

　　本書焦點雖然以「中學戲劇課程」（小六至中學二年級）為主，但其讀者群卻不限於中學的教師，無論你是職前與在職教師、專任或帶班教師、初學者或進階者，我認為它都是一本為有興趣從事戲劇教育工作者的優良參考。你可以把它拿來教授獨立的戲劇課程，也可以把它當成教授其他學科的工具書；你更可以把它當成指導學生課外活動、社區演出的教學資源。在本書的後面，作者也提供了從A到Z的戲劇慣用手法，而這些都是作者累積多年豐厚的戲劇教學經驗所整理出的精華。

　　本書譯者歐怡雯老師是三年前筆者在加拿大參與「國際戲劇教育研討會」認識的好朋友。同是戲劇教育的工作者，我們擁有相同的理念與想法，因此雖然短短一個星期的時間，大家都覺得已經認識了許久。尤其怡雯來自香港，從她那裡又獲得許多香港與大陸近年在戲劇教育發展的情形，也開展了我的眼界。當時就已聽說她有興趣繙譯本書，心中深表佩服，因為Neelands的著作中運用許多戲劇的專業用語，再加上他嘗試統整不同課程精華的企圖，可以想像這在繙譯上是一大挑戰。轉眼之間，兩年匆匆過去，而怡雯也排除萬難，在繁忙的工作中完成了本書的繙譯，實在不是一件容易的事。

　　本書的完成對目前國內九年一貫藝術人文課程，尤其是中學

的表演藝術課程，提供了具體且豐富的建議。它不但化解了多年
在「戲劇教育」和「劇場傳統」上的兩難困境，也提供一般在戲
劇課程設計、教學與評量上的具體方案。閱畢此書，個人深覺獲
益良多，也希望它能成為「戲劇教育」迷航中的一盞燈塔——快
快翻書享用吧！

林玫君

於國立台南大學戲劇創作與應用學系

2006.10.20

張　序

在愉悅中建立自信

　　戲劇是生活的反映與昇華，也是一種表達與溝通的形式。由於它能把握活生生的生命真實，因而是讓不同年齡的人都能夠參與的藝術。換句話說，任何年齡的人都可以在戲劇活動中找到樂趣──或者在感情上得到滿足，或者在思想上尋得啟發與提升的機會。

　　所以，這幾年，我們有了一些針對不同年齡階段的戲劇書籍，既有引介外國先進經驗的繙譯本，也有總結實踐心得的本地著作。這對在香港與華人社區更好地開展戲劇教育，當然都是具策略意義的。

　　這些參考書總不會嫌多，真實生活是如此活潑多采、如此奧妙複雜，怎會給成形的書本所窮盡呢？從事戲劇，從事教育，以及從事戲劇教育的同工，既投身於一個以理想與未來為信念的事業，就必得與時俱進，不斷多所涉獵。更多這樣的書籍出現，自有助我們轉益多師，提升眼界，積儲點子，從而讓我們更具信心地把工作做得更好。然而，要是進一步問，有沒有以哪個年齡為對象的參考書是我們最需要，特別應該加一把勁推動的？那就必然是以高小至國中，即 11 至 14 歲左右為對象的了。

　　記得我還是在學青年的時候，有一部香港電影叫作《危險 17

歲》，意思是 17 歲的年輕人說小不小，說大不大，正值價值觀念
模糊不定，卻又急切地要建立自主意識，是最容易走上歧路的時
候。然而，多年下來，這危險的年齡線似乎早已逐漸往前移，「17
歲」的說法久已沒有人再提了。我多年前在中學任教，已知道擔
任國中，尤其是國中二、三年級的班主任是最辛苦的，因為那些
學生情緒最不穩定，成長的問題最多；後來有同事說，處理國一
學生的問題也很不容易了；漸漸地又有朋友說，高小也是一個很
需要老師費盡心力的階段。

　　這變化其實是很容易理解的。隨著物質條件日趨豐富，年輕
人愈來愈早熟。加上社會風氣開放，民主意識日濃，高小至國中
階段學生的自我意識漸強，對成人社會的價值觀抱有懷疑甚至反
叛的想法，個別的甚至敢於提出挑戰，這是很合理的。這是他們
成長與社會化過程中必須通過的考驗。這段生命經驗可以很美麗、
很難忘，當然也可以很徬徨、很困惑，甚至很不幸可哀。在這個
連「核心家庭」也漸多解體的年代，若年輕人恰巧成長於問題較
複雜的家庭，他們的難題就更多了。怎樣協助他們好好度過這關
鍵時期，讓他們擁有一個充實美麗的人生階段，可不是我們成人
的責任嗎？而我們都知道，戲劇，正可以在這個過程中扮演一個
有效的角色。

　　Jonothan Neelands 博士在英國華威大學任教多年，著作豐富，
對不同程度戲劇課程的發展都有重大的影響。得悉怡雯打算要將
他 *Beginning Drama 11-14* 這本教師手冊繙譯過來，讓同工多一個
扎實的參考材料，實在感到興奮。這本書定位為手冊，因此不會
空談理論，而是把理論與實踐結合得自然而精到，讓任何一位用

心翻閱的朋友都得到切實的啟發。

　　譬如說，他以車禍為例，強調戲劇因運用高度「處境化」的語言，故能幫助同學懂得在「多元語域」中建立恰當的溝通方式，從而能更明智地跟不同的人建立親疏有別、高下得宜、處境合適的人際關係，便很有說服力。教育功能之一是幫助學生日後恰當地建立、確認並處理其社會身分，戲劇無疑是達成這項功能的利器。

　　本書在「教案參考」部分舉出的例子在西方文化中有非常重要的地位，Neelands 博士的設計是仔細而深思熟慮的。可能有些教師會因文化差異而頗感隔膜，甚而對是否取用有些猶豫。其實，一切藝術都是以適當的距離去審視生活，正如我們照鏡子也不能不倚賴距離。只要教師能把安蒂崗妮的故事背景介紹清楚，其人物關係的張力和由此衍生的戲劇教育功能，應是十分有力的。當然，有經驗的教師完全可以在借用這個希臘悲劇之後，擴而充之，大而化之，活用或自創其他更具中華文化背景的故事，以收更親切之效。但是，我必須強調，藝術的欣賞或參與是超乎國界的。「人我之間的差異，是群體中的優勢和強項。」（27 頁）不同文化之間的差異，同樣是世界遺產中最珍貴的部分。懂得欣賞、仔細探討以至樂於扮演，必能豐富高小至國中同學的想像和感情經驗，這對他們的成長是很有好處的。

　　Neelands 博士十分強調跟學生訂立契約的重要性，他也提出了多種客觀評量的方式，讓教師知道怎樣判斷學生的學習成果。本書的有關章節，必能切實有助戲劇教育在體制中得蒙認同，並增加持續推行的機會。更年輕的同學或因年紀較小而在智性方面

參與不夠，高中同學也會因課程緊迫而不一定具備充裕的空間；
高小至國中階段的同學可不同了，一般學校都可以為他們提供戲
劇教育的條件。若然在立契約和評量這兩方面做得好，學生本身
固然能夠在一個安全、公平而有效的環境中獲得難忘的戲劇經歷，
讓他們在愉悅的環境中度過較不穩定甚至是「危險」的時期，使
其感情得到淨化經驗，理智得到鍛鍊機會，終而培養出具自信和
自尊的性格；另一方面，恰當的契約和評量也有助建立風氣與傳
統，使戲劇教育能在學校成功落實，進而得到長遠發展。

真的，若能在學校（以至其他機構）制度中穩定而長遠地落
實戲劇教育，對建設一個健康活潑的社會是很有好處的。「一個
有效能的社會演員，是一個能為自己和他人站出來行動的人，同
時他需要與藝術性演員一樣，克服所面臨到的自信和自我意識等
困難。」（21 頁）這樣的「演員」愈多，理想的公民社會也就愈
能夠出現。

期望讀者都可以從閱讀並活用本書的過程中深有所得，於
是，無論是教師或者同學都會獲得非凡的愉悅。青春期的朋友，
是多麼需要在愉悅的關係中得到肯定，從而建立自信，不陷迷亂
啊！[1] 我以為這是本書的最大價值所在。Neelands 博士是這樣說
的：「我們著重分享的生活經驗以及參與時獲得的共同愉悅感，
更勝過當中所涉及的技巧。」（42 頁）

張秉權
於香港演藝學院人文學科系

---

[1] 按艾瑞克森（Erik Erikson）的「人生八階」說，青春期的問題是如何謀
　求自認，避免迷亂。

前　言

xi

歡迎進入戲劇的世界！

　　這是繼 *Beginning Drama 4-11* 之後同系列的第二本書。本書專為想了解更多戲劇教育的師範學生、非戲劇專任教師，以及想更新想法的專任戲劇教師而撰寫。在 *Beginning Drama 4-11* 中，作者溫斯頓（Joe Winston）及坦迪（Miles Tandy）討論到戲劇在小學階段裡扮演的角色。他們提到：戲劇在小學課程中，可以作為教授不同學科的教學法，同時初步提出了「戲劇亦可以成為校內一個獨立學科」的說法。閱讀他們著作的讀者，是負責教授多門學科（包括戲劇）的小學教師。而本書將會奠基於 *Beginning Drama 4-11* 中所提及對戲劇科的建議和模式，進而推展到對中學階段課程的討論。與前書最大不同的是，在此我們特別把戲劇看成為一門由專任教師教授的獨立學科。

　　部分讀者在看到書中某些章節時，可能會對當中一些領域、細節及其複雜性感到訝異。但不用懷疑，這的確是一本初學者手冊。於我們而言，視戲劇為一個擁有獨特課程架構、技巧、理念及學科知識的專門學科是重要的。本書的目的，就是為你介紹有關戲劇（作為一門獨立學科）的基礎知識、技巧及經驗。當然，

你在教授中年級時不一定需要本書所有提到的專業知識，但是，我們相信你不會只滿足於跟隨別人的「教學菜單」，而不甚理解戲劇教育的原理。

　　戲劇作為一個專門學科，本書希望能涵蓋性地介紹一位專任教師所需具備的知識與技巧。我們假設，一位戲劇專任教師需要在學校負責三種類型的活動：教授正規課程、帶領課外活動和社區演出。除此之外，本書也強調：中學戲劇科需要設定長遠的課程目標，注重循序漸進和持續的發展，重視課程之評量方式，以及能協助學生為將來修讀高階的戲劇課程而作好準備。

　　這是一本實務指南或學科手冊，當中並沒有提供其他來源的參考及引文，亦沒有廣泛提出相關研究來支持箇中的想法，而是一本揉合了近二十年來有關戲劇教育理論與實務的書。我嘗試在本書中說明世界各地的教師、研究者及理論家的豐富想法。他們當中已有許多人的著作被我列進書末的參考書目內，我亦把有關的專業戲劇教育文章及資料寫上注釋。期望這個書目可以成為你閱畢本書後的延伸參考資源。

xii

 ## 這算是戲劇嗎？

　　如果你是教授戲劇的新手，我想你會覺得在學校裡看到的第一齣戲劇很奇怪；你會發現，在學校中所看到的戲劇模式與校外所看的很不一樣（如果你對學校戲劇不太熟悉，我建議你現在可以先翻閱第三部分「教案參考」的章節）。為什麼會這樣呢？

　　一般的劇場都被形容為「由一群專業或業餘的演員，把一個劇本演出給一群買票的觀眾看的地方」。這種劇場的圖像是基於製作人與觀眾的經濟協議。製作人盡他們最大的努力去排練及發揮一齣戲，當時間一到，他們會以演出來換取售票的收入。

　　這種劇場中所交換的產品，往往以編劇作品為根據。通常會假設大多數人只是劇場的觀賞者，而不屬於當中一員，表演及製作劇場作品，只是部分專業人士才能做到的事；此外，亦會假設觀眾在劇場中只能保持安靜及專注地觀賞演員的演出。觀眾在此間的回應不像其他大眾娛樂一般公開，只在私底下進行。我會把這種對劇場的看法稱為「文學的和私下的藝術傳統」（literary and private aesthetic tradition）。如果這就是西方社會中對劇場的普遍面貌，那我想提出另一種叫「社區劇場」的表演方式，它可以增加我們對學校戲劇也是其中一種劇場模式的認同。

　　在地社區及許多傳統的社會中，藝術仍然提供著重要的公民及社區功能，如儀式及創作等。在古代雅典文明及伊莉莎白時代戲劇的輝煌時期，上劇院是一位公民的公開生活中重要而不可分割的一部分，劇場為社區提供了一個公開辯論、確立及挑戰文化和維繫社區的場地。在這種社區模式中，藝術是一個呈現、批判社區的文化生活與信仰的重要途徑。這種讓整個社區成員共同參與的藝術創作過程，加強了他們本身的文化聯繫。當中每一個人都可以成為製作人及藝術家。這種劇場的模式是建基於一種群眾的社會協議，這些群眾想要一起創作，希望共同創作出一些可以標示他們生活的作品。

　　這種以社會協議為基礎的戲劇最能在本土發揮影響，因為戲

中的「意義」（meanings）屬於所有參與製作的人，也代表著他們整體。由於這種參與式的演出重視生活經驗，它並不依靠以劇本形式來記錄，反而著重於人們的口耳相傳。我把這種重視參與的戲劇稱為「口述的和共同參與的藝術傳統」（oral and communal aesthetic tradition），它很強調製作過程和參與者即時分享經驗的素質。這種傳統與那些由學生進行非文學及參與式娛樂活動（如運動），以及社區中參與舞蹈、歌唱、說故事及儀式的經驗，十分相似。

　　這種另類的社會及社區劇場模式，跟學校戲劇有一些相同的特點。學校是一個社區，而戲劇就是當中的相關生活經驗。年輕人會根據自己所關心的事項、自身的需求及渴望來創作戲劇，藉此與學校社區成員或團體中其他組員分享。這來自一種社會協議，即同意所有參與的人都可以成為製作人；每個人都可以在進行戲劇的過程中成為演員或／和觀眾。這種共同在一起創作戲劇的方式，是一個讓學生更意識到生活在同一社區團體裡的重要途徑。

　　學校戲劇還會採用一些不同的手法，如定格形像（tableau）[1]、坐針氈（hot-seating）[2]、思路追蹤（thought-tracking）[3]。使用這些強調「動手做」而非只「坐著看」的手法，除了因為學校戲劇重視學生的投入參與及創作外，還有一個更實際的原因：教授戲劇通常都只能在短時間內、不便利的空間及面對眾多非自願修讀

---

1 譯注：可參照本書「從 A 到 Z 的戲劇慣用手法及技巧」部分，了解此手法之內容。

2 譯注：同注 1。

3 譯注：同注 1。

這科的學生的情況下進行。這都不是一個專業劇團需要面對的不利情況。因此,戲劇教師需要發展一套工作方式和慣用手法,讓他們在這限制的環境中給予學生劇場經驗。本書希望建立一套以學校為本位的戲劇課程,藉以顯示如何採用不同的形式及內涵來學習戲劇。劇場最多采多姿的地方是擁有許多豐富及多面向的形式、慣用手法、風格和傳統。

請享受創作戲劇的過程!

年齡及階段

這本書是關於給 11 至 14 歲學生的戲劇課程。下頁的表格是為一些不了解英國教育制度的讀者提供參考:

學習階段	年　級	年　齡
第一學習階段（KS1）	1 2 3	5-6 6-7 7-8
第二學習階段（KS2）	4 5 6	8-9 9-10 10-11
第三學習階段（KS3）	7 8 9	11-12 12-13 13-14
第四學習階段（KS4） 英國中學普通教育證書 （GCSE）	10 11	14-15 15-16
後 16 歲學習階段	12 13	16-17 17-18

第一部分

戲劇課程

1

　　我們如何設計一個適用於中年級的戲劇課程呢？在第一部分，我們會考慮有關課程的議題和元素，包括一些關於課程內涵的討論，以形成對劇場定義及其目標框架的共識；而一些部分則會建議如何鞏固戲劇課程的漸進式原則和持續性，以及提供評量學生的方式。

　　在第一部分的最後，將提到戲劇和語言發展的重要關係，並提醒我們：戲劇如何能在年輕人的生命和學校生活中，扮演著不可或缺的角色。

 ## 關於戲劇這個領域

　　到底戲劇課程需要涵蓋什麼內容呢？什麼是中學教育課程裡需要優先考慮的？我們期望學生在戲劇課中能認識、明白、有能力做到什麼？

　　我們的世界中，「戲劇」（drama）這個名詞代表了從戲劇文學到戲劇活動的多種類文化實踐。在兩者之間，有電視和電影中的戲劇、劇場戲劇演出，甚至是我們私人與社交生活中的戲劇。在這「戲劇化的社會」裡，我們應該在戲劇藝術的範疇中選取什麼放入戲劇課程呢？

　　「在眾多現代戲劇藝術範疇中選取媒材」的問題，混合了「如何在過去中選取媒材」的問題。應該要包括誰的歷史和傳統呢？在多元、多文化的教室中，在只能有限度介紹現代西方劇場的作家和實踐者的戲劇歷史裡，這是常存在著的問題。不論是近百年

2

西方的傳統劇場，或是被發展成為的文學藝術，戲劇都越來越局限於某種社群中，也越來越與大眾戲劇和娛樂區隔開來。這些在我們的時代，被選取的傳統被喻為源自早期及低下階層，特別是從口述及共同參與的傳統表演中，演化過來的。這對於來自不同生活演出文化傳統的學生來說，給了他們怎樣的訊息？我們要如何告訴來自不同社會文化歷史背景的學生，他們跟中產劇場觀眾兩者之間的差異？

我們到底希望透過戲劇，讓學生作好什麼樣的準備？在英語課中，學生被期望成為有文化修養和有效率的演講者、聆聽者、閱讀者及創作者。在音樂及舞蹈課中，我們培養學生成為演奏者、舞者及有批判思考能力的觀眾。可是，在戲劇課中，要準備讓學生去扮演的身分則有更多，如編劇、戲劇指導、演員、設計師、技術員、導演、舞台監督等。戲劇在眾多藝術媒介中是最具群體性的，它要在製作中運用到多類型的技巧和多樣的身分；如果把電視和電影製作的內容也加進戲劇課程中，那學生要扮演的身分將會不斷增加。

此外，不管在課堂中，還是在學校演出和課外活動社團裡，學生參與戲劇時也需要運用到另一些身分和技巧。學校戲劇與參與式、合作式的劇場相連，除了以上提及的傳統身分外，還需要培育學生成為有效率的協調者、組員、研究者和編作者。

戲劇課程真能涵蓋那麼多嗎？

　　傳統上在設計戲劇課程時，會傾向把「劇場」（theatre）和「戲劇」（drama）區別出來。「劇場」通常是指學習文學，以及那些令人聯想到西方中產階級觀賞的專業與業餘傳統劇場的戲劇演出──文學的和私下的藝術傳統。當我們從「劇場」的觀念出發，學習重點亦往往會是了解劇作家的成就、表演技巧和作品賞析。

　　另一方面，「戲劇」指一些強調即興和參與的戲劇模式，它會從大眾娛樂中擷取一些口述及共同參與的藝術。這些「戲劇」創作往往被視為年輕人在生活中重要的、即時的個人及社交目的。

　　這些在戲劇教育上的傳統分野，問題在於將會不必要地分割這兩種本應一致被學習、實踐的生活傳統／類型的演出。劇場是指文學上的專業劇場，也可以是大眾化的口述和參與式劇場。這就是藝術神奇的地方，它可以藉著發展出不同的模式，來回應不同的生活情境。劇場是戲劇文化中的一環，但劇場也同樣處於不同的崗位、傳統、類型和歷史當中。

　　當這個「劇場」和「戲劇」的排他觀念產生時，再加上它們自身的藝術傳統不平衡，就會為戲劇課程帶來問題。如果只著重社會上對「劇場」的觀念，將忽略許多學生的自身經驗、日常的戲劇知識，以及其他大眾娛樂的形式，也忽略戲劇教育對於協助學生認識自己所處世界的生活經驗之重要功能。

3

　　但如果不去理會那些文學劇場的傳統，也一樣會有缺漏。有關如何製作劇場和怎樣賞析劇場的知識，並不是所有社會及文化團體都能提供的。由於歷史之故，過去這方面的教育及教養受到限制。對許多學生來說，學校便成為一處讓他們能夠認識和享受文學劇場樂趣的地方。

　　許多英語教師都對於應該教授學生閱讀、欣賞小說作品和文學傳承，與鼓勵學生透過熟悉的語言和文學資源去溝通、詮釋自己的經驗之間的平衡，感到掙扎。戲劇課程的平衡是關乎教授一些專門的知識，讓學生學習譯解、懂得批判地欣賞西方傳統中的文學和劇場表演之餘，也能根據學生們的自身知識和經驗（在電影和電視等大眾娛樂戲劇中獲取的經驗），讓他們去實踐不同戲劇的模式。

　　這些關於選取、包含和排外的問題，提供了設計戲劇課程的方向，在戲劇範疇中的多元類型、歷史和角色的支持下，集中培訓核心技巧和概念。一個基礎課程的目標，可以是為了訓練學生能繼續進修戲劇課程而設，也可以是為了教授技巧和知識，而讓他們在離開學校後仍有能力去繼續賞析其他戲劇作品而設。

　　這不是一個關於平衡課程中所謂「高」與「低」實務的問題，而是關於它們之間連繫的問題。我們不要去加強社會對「高級」與「低級」戲劇的建構；反之，一個嶄新的戲劇課程的觀念，應強調連繫接收者和製作者的分享過程。沒有任何理由告訴我們，在教授戲劇能力（如口述能力）時不可以利用土話、非正式的「文本」，不可以利用學生熟悉且能代表他們的文本製作過程。這就是第三部分「教案參考」的目的——透過包含、回應 11 至 14 歲

學生的生活、成熟程度的戲劇製作過程，來全面地教授戲劇能力。

這裡有一個更深一層的假設需要彰顯。我想建議：戲劇課程應該聚焦於製作和回應劇場的實作經驗上，我們應把劇場視之為「表演藝術」（performance art），而不是「文學中的一個分支」。在英語系的國家裡，學生通常在英語課或語言課程中接觸戲劇文學，學習解讀、回應它。許多學校也會在英語課或媒體課中教授有關電影和電視種類的戲劇知識。我認為這可以利於讓學生明白劇場如何被帶進生活。

乍看之下，我假設戲劇課程應該聚焦於生活劇場（live the-atre），似乎跟我剛開始「對民族中心和社會排他的西方劇場傳統的警告」自相矛盾。我重申我現在所建議的是，戲劇課程應該始於「對一個包含廣泛的劇場／戲劇實踐和文化傳統的劇場定義」，始於「一個拒絕把實務看成『高／低』或是『優等／下等』的層級觀念」。

為了區分劇場與非劇場，我嘗試在可能的範疇裡，勾勒出所有劇場類型的一些共同特點，我也會試著利用這些特點，為既具包容性又有其規範的劇場下一個定義。

4

劇場的四個特質

這些特質是：

開始玩戲劇11-14歲

1. 被選取的情景	劇場是一種選擇。它給予我們超出「日常生活」的經驗，它是一個特別的、跟日常經驗不同的現場經歷。這個「選擇」通常被那些「與生活分割的劇場空間和時間」所形式化，因而表演會在特定的時間裡在經過設計的表演空間裡演出。
2. 自我、時間及空間的變換	在經過揀選的情景中，人們期望能透過存在（presence）、時間及空間的象徵性變換，把這個代表著「不存在的」或「另一個的」現實的「虛擬現在」或「想像的世界」扮演出來。在演出的過程中，空間、時間和演員都會變成另一些東西。
3. 社會及美學的規則／框架	劇場是一種被規則限制的活動。有些規則是「永久的」，以作為經歷劇場的必要選擇；有些則受制於一些特定的類型——如特定戲劇形式的規則和慣用手法，或某時期的劇場風格。這些規則關乎劇場藝術，以及社會上對劇場裡相遇（encounter）的定義，例如在劇場中必須保持緘默或是必須加入參與的慣例。
4. 演員及觀眾的互動	劇場中必會存在演出者的功能（變換了的自己）和觀眾的功能（反應和回應演出者的行動）。在一些劇場形式中，這兩個功能可以清楚地一分為二——觀眾與演員溝通；但在另一些形式裡，當中的劃分會比較含糊——一組人在一起以演員及觀眾身分來溝通。但不管是哪一種劇場形式，都必定會存在著兩者間的溝通。

　　因著以上四個特質，劇場是一種與人分享的現場經歷，人們會想像自己是另一個人，在另一個地點和時間裡進行互動。劇場中的意義是由演員透過虛擬及象徵地運用了存在的時間及空間，為觀眾及其他參與者所創造出來的經驗。而象徵地運用物品、聲音和燈光，將會提高劇場水準。劇場透過被不同的慣用手法，富想像地形塑，在時間、空間和存在的互動之中，傳達著不同種類的意義。

 # 地區課程和國家課程

5

　　在此書寫作時，戲劇還未成為許多國家課程裡的正規科目，於是我只能討論有關戲劇課程的內涵和特徵。戲劇不像科學或歷史科，有一個人們所認同和法定的框架。如果這個框架存在，那麼現在我們討論的焦點，就很可能放在學校對課程的執行和傳遞方法上。戲劇在現在這個情境下，有好處也有弱點。

　　好處是：在沒有國家戲劇課程的共識下，學校可以自由地設計能回應自己地區需要的戲劇課程，也就是說，個別學校為戲劇所提供在地的背景，代表著個別的社區。不同社區中都能顧及戲劇價值的差異。以下是三所位處相近的學校的例子。

一、戲劇應用於個人成長及社會教育

　　在這所學校中，大部分學生都欠缺自尊心，缺乏社交技巧以

維持有效、有建設性的人際關係。由於曠課情況嚴重，學生幾乎
不可能完成要求的課業，所以戲劇在此並非一個應試的科目。在
這裡，戲劇的貢獻是為學生提供個人、社會和道德教育，以及作
為一個讓他們可以直接實踐的創意論壇。學校努力地運用它來提
高學生及社區的期望，讓學生發展達致一個快樂和成功人生所需
具備的闡述及人際技巧；戲劇課程能適切地反映學校和社區中的
價值觀及期望；它所強調的教學目標、技巧發展及評量方法，則
會與個人、社會和道德教育（PSME）[1]的課程相連結。

二、戲劇應用於英語科學習

在第二所學校中，第三學習階段（11 至 14 歲）的戲劇是英
語科中的其中一個教學範疇，它擁有自己的課程和地位。當中強
調兩個範疇：個人及社交學習的回報，它們來自語文學習、參與
和觀看演出，以及一些藉由戲劇協助發展語文能力的貢獻。這個
戲劇課程的目的與目標，密切地反映了法定要求的英語課程
（Statutory Orders for English）中對戲劇的參考，評量方式可
以依照國家統一考試（SATs[2] for *Shakespeare* and *Speaking and*

---

[1] 譯注：PSME（Personal, Social and Moral Education），學校通常於第三及
　第四學習階段開授的課程。課程是由學校根據本校學生需要自訂，教育
　當局則提供有關課程的非法定指引（non-statutory guidelines）。

[2] 譯注：SATs（Statutory Assessment Tests），英國國家統一考試，所有在校
　學生需要在每個學習階段結束時參與的統一考試，以反映全國學童的學
　習程度。在第一階段結束時，考試科目為英語及數學；而第二及第三學
　習階段結束時，考試科目為英語、數學及科學。

Listening[3]）或回應戲劇的相關寫作。

三、戲劇作為獨立學科

最後一所學校，它有著第一所學校中的大部分社會特質。可是，它本身也在進行更進一步的革新過程（process of regeneration）。在著重成績等級的氛圍、表現指標、在地資源競爭的促成下，學校都致力於提高學生 GCSE[4] 考試得到 A 至 C 級成績的人數。近年，由於修讀戲劇的學生都能在考試中取得佳績，所以學校都會支持要增加選修戲劇作為考試科目的學生數目。戲劇科由專任教師教授，而第三學習階段的課程就像是為了準備 GCSE 而設立。所以，該課程強調：發展及評量個人的戲劇技巧、劇場史（特別是希臘時期及伊莉莎白時代）、學生的製作及呈現。第三學習階段的課程目標是根據 GCSE 的課程大綱而來的。

以上三所學校對戲劇課程的定位，都超越了實用主義，超越了只為生存的目的。它們沒有被憤世嫉俗地邊緣化。在三所學校中，戲劇都因著不同的原因而獲得高度評價。他們都積極地嘗試去構建適合在地的戲劇課程。

6

---

3 譯注：SATs for *Shakespeare* and *Speaking and Listening* 是國家統一英語科考試中的其中兩個考核範疇（莎士比亞及說話和聆聽）。

4 譯注：GCSE（General Certificate of Secondary Education），英國中學普通教育證書（相當於香港的中學會考），學生通常在 14 至 16 歲時修讀為期兩年的 GCSE 課程，於十一年級結束時要參加 GCSE 考試。評核透過修讀過程中的在校老師評核及公開考試，考試結果分為 A*、A、B……G 計八個等級。

　　什麼事物會使在地課程變得脆弱？有兩個可能的危機。第一是專業的不安感。由於欠缺國家認可的戲劇課程框架，個別的戲劇教師皆欠缺對自身課程設計的外在、客觀的參考觀點。「我做得對嗎？」、「我的評量方式是否公正？」、「其他學校在做什麼呢？」以上第三所學校的第三學習階段課程目標，乃根據GCSE的課程大綱而來，這正是其中一個利用外在官方機構來調和在地課程的例子。第二個可能的危機，是在地課程的選取乃出於高度的個人特質和意識型態，教學範疇往往只基於教師的個人偏愛和興趣，而忽略了學生所需要的學習廣度和深度。

　　一個有實力的課程是根據國家認可的框架，具備了高透明度及討論性。這是一個公開的框架，讓學生和他們所屬的社區與學校，清晰地了解每一所學校的課程要求、課程涵蓋的範圍和評量方式。雖然，不同社區會以不同方式回應國家課程中的內容和意識型態，但至少國家的認可能提供一個外在的、相對客觀的和有透明度的討論材料。

共有的科目核心：三種類型的活動

　　在英國，雖然戲劇不是國家正規課程中的學科，但是仍有多份專為英語科中戲劇單元而設的國家指引文件及指定參考。例如在蘇格蘭，國家課程中的表達性藝術科課程（Expressive Arts）[5]裡就有專門給戲劇課程的指引。

---

[5] 譯注：表達性藝術科中包括四個範疇（藝術與設計、戲劇、音樂、體育）。

　　詳細研究不同戲劇課程的國家指引，可以發現當中都認為戲劇課程的目標應該反映先前提到的三個定位：

1. 戲劇應用於個人成長、社會及道德教育。
2. 戲劇應用於英語科學習。
3. 戲劇作為獨立學科。

　　除此之外，人們還覺得戲劇與其他藝術科目一樣，與以下三種類型的活動有關。

7

一、創作

　　這包括所有創作一個戲劇作品時所需歷經的階段和過程，哪管它只是一個定格形像或是一個完整演出作品。創作即代表「行動」（doing），亦同時意味著「知曉」（knowing）。換句話說，學生的「創作」依靠他們的懂得如何去創作。所以，評量學生的創作能力，即評量他們如何把學到的戲劇創作知識運用在製作過程中。戲劇是一項群體活動，製作過程中牽涉到能否組成有效團隊的社交能力和美學能力。社交能力展現在「能否使製作團隊有效地運作」，以及「能否在團隊中商議出一個能代表製作隊伍的戲劇形式」；美學能力指「能以恰當的表演形式來呈現選擇的題材，以表現製作人員的創作動機」。

　　學生在創作或編作時，需要發展和認知的技術如下：

1. 如何和其他同學建立客觀的合作關係，而無須理會對方的性別、能力和個人偏見；
2. 如何探究、蒐集和選取工作所需的合適資料；

3. 如何從不同來源（劇本、故事、詩篇、文件、影像或意念）演繹成戲劇作品；

4. 如何選取、應用恰當的戲劇慣用手法和表演形式；

5. 如何把對行動的意念，化成為真正的行動；

6. 如何編輯、改良小組的初期嘗試，使最終的演出能獨立地、清晰地向觀眾表達創作意念，而不須附加解釋和註明。

二、演出

　　這是關於執行演出時所需的技巧和知識。表演必然包含對自己、時間及空間的轉換。一個虛擬的「真實」或是「一個戲劇世界」將會在一個真實的空間（如教室、排練室和劇場）中進行溝通。在西方傳統劇場中，表演是由一方為另一方觀眾而演出，嚴格地把製作的人和看戲的人劃分得清清楚楚。但是演出也可以是由小組向其他小組輪流分享的活動，或是各組同時地在演出這個虛擬的「真實」。

　　學生在演出時，需要發展和學習的技術如下：

1. 如何把我們日常生活中的行為和身體，轉化為其他人的性格、生活和身體展現。

2. 如何選取演出風格：真實主義、象徵主義、表現主義。

8

3. 如何運用表演來表達不同層次的意義和詮釋。

4. 如何有效地做到整體演出：行動和反應，給予和回應暗示。

5. 如何利用燈光、音效和物品來豐富演員的演出。

6. 如何把空間轉化成另一個地點和時代。

三、回應

　　這關乎回應戲劇作品的技巧與知識。回應包括「清楚表達自己對該劇的主觀反應」，明白「戲劇所引發你的感受和想法」；同時，也包括「應用一些適當的符號學和評論規則來拆解及分析戲劇」，以及「能夠解釋戲劇元素如何有效地建構一齣戲劇」。這個帶評論性的解構過程，需要一些對「戲劇／劇場文法」的原則及其歷史的客觀認識。

　　學生在回應時，需發展、學習的技術如下：
1. 如何閱讀一些有可能成為演出文本的戲劇文學。
2. 如何在一個文本取材的提示中，把角色「形象化」。
3. 如何根據戲劇中運用的元素解構一個戲劇情境，了解它在整個結構和過程中的位置。
4. 如何建立一套可以與他人溝通的客觀評論語言。
5. 如何製造一個讓人能給予、接納意見的良好氣氛。

　　以上三種的活動模式（創作、演出、回應）是學校戲劇課程的基本平衡，教師的責任是要確保學生能從不同的模式中學習。至於詳細的課程框架，則會因不同的地區而異。

 第三學習階段的戲劇課程模式

　　我將會在這部分中建議一個適合第三學習階段的戲劇課程模

式。這個課程會考慮到以下有關項目：

1. 學校開設戲劇課程的特定目的；
2. 對於第二及第四學習階段的銜接需要；
3. 國家策略（National Strategy）所側重之教與學模式，以及其他關於有效的教與學的指引之影響；
4. 在國家策略中，戲劇教學目標所需包括、涵蓋的要求。

9

　　一個課程有三個相互關聯的面向：「課程設計」（在指定的學習階段中，要教什麼、何時教）；「教學法」（如何選取有效及循序漸進的教學方法）；「評量方式」（如何評量、記錄、報告有關課程內容和教學法）。這三個面向必須一致，且互不矛盾。也就是說，評量的向度必須與特定的學習階段、學習目標、價值與教學法一致。

一、第二至第四學習階段的課程銜接和漸進的發展

(一)第二學習階段（高小）

　　由於缺乏戲劇課程的國家指引，以及在第一及第二學習階段（5 至 11 歲）對戲劇的零碎準備，教師很難判斷來到第三學習階段的學生應該具備什麼樣的先備知識與能力。有些學生可能在小學時已上過戲劇課；有些學生可能在校外參加過戲劇或舞蹈班；有些因為社會背景和居住地點的緣故，已是劇院的常客。有鑑於此，我們在設計戲劇課程時不能根據學生上述所有或部分的先備能力預作假設。可是，我們可以較安全地假設大部分來到第三學習階段（中學）的學生：

1. 在學校或社區中，已有一些想像和模仿角色的經驗；
2. 會注意到一些社會演員（social actors）如何恰如其分地在不同社會情境中演繹角色；
3. 會觀看、明白和定期地談論電視或電影中的戲劇作品；
4. 對於一些敘事的種類、結構和情節發展已有認識（即使只是簡單如開頭、中段、結尾架構）；意會到故事是利用時間、空間來將人物排序；
5. 在國家語文策略（National Literacy Strategy）下，學生曾參與一些有關戲劇的寫作、即興練習和扮演活動；
6. 擁有文化邏輯，也就是說他們在社會化（socialization）的過程中，學會不同情況下人們所作出的不同反應。兒童問「接下來會發生什麼事？」，通常都能反映他們對敘事的意識（故事發展應該就是這樣）和他們的文化邏輯，他們會根據「現時對人類行為的認知、觀察，認為這就是跟著會發生的事」。

(二) 第四學習階段（高中）

　　由國家核准的戲劇科 GCSE 考試課程綱要，為教師提供了第四學習階段（14至16歲）的國家認可戲劇課程。由於所有第三學習階段的學生都有可能為參與 GCSE 的戲劇科考試而鋪路，所以我們在設計第三學習階段的課程時必須考慮到 GCSE 的考試目標。

　　現時 GCSE 的考試範圍，反映了對第四學習階段戲劇課教與學的宏觀目標與共識。當中，最常見的有三個目標：

1. 明白和應用多種戲劇形式和概念；
2. 能夠在創作、演出和回應時，擔任一個有效率的成員；

10

3. 有能力去賞析、檢視生活中的劇場作品，並能評量自己和別人的演出作品。

　　將以上 GCSE 的共同目標放在第三學習階段的課程中，能確保課程可銜接至第四學習階段，同時亦提供一些外來的認可。但是，我們要切記：不是每一個第三學習階段的學生，都會在公開考試中選修戲劇科作為繼續進修的職業選擇；由於第三學習階段的課程對象是所有學生，它就必須為一些不在第四學習階段選修戲劇的學生介紹，讓他們對戲劇有一個概要及能縱觀全局的認識。

二、配合國家策略中的學習目標

　　國家策略中的戲劇學習目標，專為第三學習階段的課程所設計、構想，它是設計本地戲劇課程的重要指引來源。這些學習目標依不同年級的程度而撰寫，這亦是我對這個學習階段的漸進式課程的建議。

　　戲劇科的目標是：

七年級	SL 15[6]：能掌握在不同情景及文本中進行角色探究，或回應一些線索材料，以發展戲劇技巧。 SL 16：能與他人一起編作、展示一些有劇本和非劇本性（scripted and unscripted）的作品，以維持觀眾的集中力。 SL 17：透過經歷不同角色的語言和戲劇處境來擴展說話能力。

（下頁續）

6　譯注：此乃原文件中的編號。

SL 18：發展戲劇技巧與策略，致使能在不同學習情景中進行預測和解難，及將情景視像化。

SL 19：能反思、評量自己和他人的作品。

八年級	SL 13：能反思自己參與戲劇的過程，並能辨別自己在戲劇技巧的發展進度。如撰寫即興練習和展示後的反思紀錄。 SL 14：發展一些能協助他們創作和維持不同角色的戲劇技巧。 SL 15：能利用角色扮演去探討及發展不同想法、議題和人物關係。 SL 16：能與人合作及評量有劇本和非劇本性的戲劇作品，探討當中的人物、關係和議題。
九年級	SL 11：利用戲劇來辨認、評估和改進已發展的戲劇技巧。 SL 12：利用不同的戲劇技巧包括角色扮演[7]（work in role），探討議題、想法和意義。例如：以角色試驗不同假設、改變不同觀點。 SL 13：能發展、比較對莎士比亞或其他戲劇家的劇本之不同詮釋。 SL 14：能在編寫劇本和演出時，表現出有關的戲劇行動、角色、氣氛和張力。 SL 15：能為自己或別人的作品撰寫劇評；能分辨編劇、導演和演員在作品中發揮的不同功效。

11

---

7 譯注：此處的「角色扮演」不是為了演出的扮演，也不是只扮演指定角色；這裡「扮演」的目的是利用扮演不同的角色來對議題進行探究。

在國家策略中的戲劇學習目標，受限於英語科的學習目標框架。這個框架附屬於國家英語課程的學習範疇（learning strands）中的說話和聆聽目標（另外兩個目標則為閱讀及寫作）。當我們設計以「學科專設」和「包含文化包容」的戲劇課程時，我們應當注意因此框架限制而產生的一些異常情況：

1. 戲劇課程不單以訓練聽講為目標，也應包括一些為該科專設的閱讀和寫作目標，讓學生能從戲劇的觀點中，學會怎樣閱讀、應用文本；並學會以不同的寫作類別，如劇本、日記和經驗紀錄，來表達不同的目的。

2. 那些在國家英語課程中的說話和聆聽目標，自然影響著戲劇課程的取材。加上聆聽和說話目標往往都忽略了戲劇中有關對視覺、肢體和技術上的學習價值，照顧語文課程的聽講目標，就意味著不能為學生提供足夠的基本戲劇知識和經驗，以幫助他們在往後學習階段研修戲劇時作好準備。

3. 那些聆聽和說話目標，不會像許多學校和戲劇教師一樣，重視戲劇課程所能達到的個人、社會和群體發展目標，給予其優先的地位。

三、第三學習階段的課程設計

根據以上的討論，接下來我所提供的課程設計，將會照顧到國家策略的學習目標、GCSE 中的共同目標、學生可能在第二學習階段的已有知識，以及包含促進個人和社會的學習目標。這個設計圍繞著三個專門的學習範疇（Specialist Learning Strands），

以及戲劇製作中三個重要崗位的功能（演員——表演／互動；導演——導演／管理；劇評人——檢討／評量）建構出來的。這三個專門的學習範疇希望能包含、揉合有關科目專設與可轉移的藝術與社交能力、知識。原則是讓學生能在嘗試擔當演員、導演和劇評人的角色中發展藝術能力時，也同時能發展有效率的社會角色，有能力成為社會演員、創作隊伍的管理者以及有效率的評論者。

《*12*》

「表演」（acting）是藝術和社會發展的關鍵。在眾多第三學習階段的戲劇模式中，如果學生不願意參與，不願意使事情發生，戲劇是不存在的。這對許多學生來說，都是一個重大的挑戰，因為，學生要這樣做，就需要有自信，並且能夠放下自我意識。教師的責任是要透過與學生訂立契約，來鼓勵、保護所有學生，使他們能擁有自信和自尊去參與戲劇課的活動。

我希望學生能從過程中明白，戲劇行動與真實世界並無二致。換言之，只有個人或團體願意採取行動時，改變才會產生。一個有效能的社會演員，是一個能為自己和他人站出來行動的人，同時他需要與藝術性演員（artistic actor）一樣，克服所面臨到的自信和自我意識等困難。

表　演	互　動
表演是戲劇的核心。戲劇邀請學生在多種的角色和處境中「想像自己變得不一樣」，以達到不同教育目的。在第三學習階段，學生會發展扮演的能力，學習如何建構人物，在彩排人物後，對觀眾演出。	戲劇是一種群體的藝術（social art form）。敏銳地、有效地與他人互動和合作，對於創作一個演出、集體實現戲劇中的意念，是相當重要的特質。教導這些能促進有效的課堂互動的技巧，同時亦期望學生能把這些技巧運用到其他學習／工作環境當中。
導　演	管　理
讓學生學習「如何把想法變成能與人溝通的敘述技巧和知識」，是此階段的課程重點。導演能力包括能使用、安排和設計戲劇元素，以及發展對不同戲劇風格與種類的歷史之認識。	給予學生機會「領導」小組工作的同時，亦能發展管理能力和責任感，以建立有效率和包容的小組管理和團隊工作。為了有效地領導，學生必須能夠敏銳地、公開地管理時間、資源、困難和期限。
檢　討	評　量
發展出批判、適當反思的能力，以及檢討自己及他人演出作品的能力。這項能力要能認識不同製作和演出選擇，要能具備不同風格、類別的表演和文本的歷史，以及能夠比較文化的知識。	評量包括：學習如何進行自我及同儕評量進度、訂定恰當目標、培養批判思考能力，以及對自己和別人多一點覺察，能反思作品對個人及社會的重要性。

在下頁表中的課程設計，每個專門學習範疇都擁有專屬的學 *13*
習目標。為了確保在這個學習階段中各年級課程的延續性，以及
符合、涵蓋國家課程和第三學習階段的策略指引中的法定要求，
這些專有的學習目標都是參考《戲劇學習目標庫》（*Drama
Objectives Bank*）中各學習階段策略目標所撰寫的。

四、教學方法與課程設計的配合

以下引用自《戲劇學習目標庫》：

教學方法需要與教學目標配合，也要找出一個可以
與文本和情景有關聯的教學慣用手法和技巧。教師不能
只單靠安排一些情景，就相信學生能從中學會戲劇技巧。
學生需要有焦點和有效的教授，在多元的戲劇經驗中相
遇、探究、試驗和反思，才能協助他們發展技巧。

高質素和真實的學習，賴於有技巧地、選擇性地運用高質素
的教學方法。透過教學，我們可以為課程注入生命，同時也期望
這教學方法使不同能力的學生感到容易理解、具有可能性和有關
聯性。

14

第三學習階段的課程設計

專門學習範疇目標		國家策略目標（七年級）	國家策略目標（八年級）	國家策略目標（九年級）
表演（Acting）	**互動（Interacting）**			
A1：掌握、應用戲劇元素，特別是在空間中聲音和身體的運用。 A2：能運用聲音、姿勢和動作來向觀眾傳達意思；嚴謹地運用表演的慣例。 A3：能有效地運用空間，明白空間與其他演員的關係。 A4：能透過研究、觀察和個人詮釋，以不同形式來演繹不同類型的角色。	IA1：能與其他演員一起表演和互動，成為整體演出（ensemble）的一部分。 IA2：能自信地在他人面前講解和報告。 IA3：能觀察和遵守在班上討論時的規則。 IA4：能提供意見及透過討論、細心聆聽別人的反饋；願意接納別人的意見來與其他組員建立良好的工作關係。	SL 15：能掌握在不同情景及文本中進行角色探究，或回應一些素材，以發展戲劇技巧。 SL 16：能與他人一起編作、展示一些有劇本和非劇本性的作品，以維持觀眾的集中力。 SL 17：透過經歷不同角色的語言和戲劇處境來擴展說話能力。	SL 14：發展一些能協助他們創作和維持不同角色的戲劇技巧。 SL 15：能利用角色扮演去探討及發展不同想法、議題和人物關係。	SL 11：利用戲劇來辨認、評估和改進已發展的戲劇技巧。
導演（Directing）	**管理（Managing）**			
D1：能在自身戲劇經驗和別人演出中，學習創意地、象徵地運用戲劇元素，如時間、空間、存在、燈光、音響和物品。 D2：能辨認出一些戲劇技巧、慣用手法及它們的歷史，例如：獨白、定格形像、角色扮演。	M1：能和其他組員協商、願意採納及使用他人的意見。 M2：能提出一些工作項目、目標和行動來促進小組工作進度。 M3：願意諮詢及使用	SL 18：發展戲劇技巧與策略，致使能在不同學習情景中進行預測和解難，及將情景視像化。	SL 13：能反思自己參與戲劇的過程，並能辨別自己在戲劇技巧的發展進度，撰寫即興練習和展示後的反思紀錄。	SL 12：利用不同的戲劇技巧包括角色扮演，探討議題、想法和意義。例如：以角色試驗不同限設、改變不同觀點。

SL 13：能發展、比較對莎士比亞或其他戲劇家的劇本的不同詮釋。 SL 14：能在編寫劇本和演出時，表現出有關的戲劇行動、角色、氣氛和張力。 SL 15：能為自己或別人的作品撰寫劇評；能分辨編劇、導演和演員在作品中發揮的不同功效。		
	SL 16：能與人合作及評量有關劇本和非劇本性的戲劇作品，探討當中的人物、關係和議題。	
		SL 19：能反思、評量自己和他人的作品。
D3：能明白不同崗位的人員（如演員、觀眾、導演、編劇、設計師和技術員）在戲劇製作中的貢獻。 D4：將編劇、演員和設計師的創作，融合成完整一致的戲劇陳述。 D5：能運用一些方法如定格形像、即興練習和劇本，把初步的想法及回應排成戲劇。 D6：能辨認建構和整理劇本的不同方法。	其他人的資訊、意見、觀眾和感受和想法。 M4：能提供一些綜合、融合小組中不同意念的方法。 M5：能負責任地、適當地管理時間及資源。 M6：能盡責地帶領小組完成工作。	評量（Evaluating） E1：能辨識和評量即使是相同的材料，仍可以有不同的選擇去帶領製作出不同的詮釋/演繹。 E2：能在角色中探究、對文本、議題和處境發展批判性思考。能分析和解釋他們對文本的反應。 E3：能評量自己的工作進度和訂立個人的發展目標。
檢視（Reviewing） R1：能辨別古今的戲劇類型，如悲劇、喜劇、默劇、偶戲、肢體演出、肥皂劇。 R2：能利用批判的、專業的術語去討論戲劇，如姿勢、符號、張力、節奏、步伐、對比等等。 R3：能把在演出中看到的、聽到的、經驗到的撰寫成劇評。 R4：能有信心地運用專業術語及以文字和他人討論。 R5：能對自己研討的、曾觀看過的和親自參與過的戲劇作品作出評估，並分析其架構、意義和影響。		

五、第三學習階段戲劇課的教學契約

　　有關教授戲劇時教師所需要擔任的角色、技巧和知識，將會在第二部分中作詳細介紹。而這裡所提及的其中一個重要的技巧是與學生訂定課堂契約，讓他們感覺安全地使用上課空間，讓教師和同學都能安心地在戲劇課中全心投入。與同學討論課堂規則和限制的同時，亦應包括對教學契約的討論和商議，讓教師的教學原則能清晰、明白地傳遞給同學。

　　以下的教學契約（pedagogic contract）是一個框架，能幫助教師決定使用哪種教學方法，以達致課程設計中的目標。這個陳述的動機及目的是要促進教室中教與學的伙伴合作關係。

　　這個教學契約是期望能在以下兩端中得到平衡：

嚴謹　◄────────────►　趣味

- 我們會思考自己所做的事。
- 我們會嚴肅地對待工作中涉及人性的內容。
- 我們會考慮「學習」如何改變我們，以及「學習」如何讓我們成為不同的人。
- 我們對自己、別人和世界都充滿思考力。

- 我們在試驗、冒險、拋棄、歪曲和延伸規則時，會有安全感。
- 我們把玩語言，以及其他符號系統中所發現全新的、未被談論的、新鮮的聲音。
- 我們在世界上是富有創造力的。
- 沒有什麼事可使人「恐懼」。

16

計畫的 ←————————→ **體驗的**

- 我們所在的團體已訂有方向，知道我們要往哪裡去、要學習什麼及如何被肯定。
- 我們可以獲得那些賦予我們權力的知識。

- 我們是人，所以我們有人的需要、情感、恐懼和夢想。
- 我們的經驗能形塑我們的世界、我們的學習方式和我們會成為一個怎麼樣的人。
- 人我之間的差異，是群體中的優勢和強項。

需要的限制 ←————————→ **需要的自由**

- 我們在群體當中，也同時受其習俗、法規與規則所約束。
- 我們使用具文化效力的溝通方式。
- 我們需依從某些既定框架成長。

- 我們是獨立的個體。
- 我們擁有在學習中選擇的權利。
- 我們可以自由地改變世界。
- 對「規則」的理解能給予我們更多的選擇和自由。

想像 ←————————→ **知識**

- 我們想像一些未知的事情。
- 我們會把自己和他人想像、再想像。
- 我們不被意識型態來替代想像。
- 想像彰顯人性。

- 我們的想像反映著我們的既有認知。
- 我們明白：我們的所想所知通常是從想像而來的（文化的）。
- 我們創造屬於自己的「世界地圖」。
- 我們自己和世界都可被改變。

　　這種能與學生開放地討論和調整的教學契約，可以建立一種教與學的氛圍，它適合不同的學科。這個契約支持了學生參與的重要性，支持了對高質素、真實的教學法的價值及原則的關注。但要提醒學生，在「嚴謹」（mindfulness）及「趣味」（playfulness）之間應保持適切的平衡。因為，太過嚴謹會使工作變得沉悶和沒有啟發性，而太過嬉戲則會一事無成。

　　這個教學契約能協助教師選取適用的教學方法，特別能配合課程設計中的專門學習範疇目標。換句話說，教師除了有關教學契約外，還需要清楚地界定合適的教與學的策略，以達成課程中的教學目標。

六、選擇切合目標的教學方法

　　《戲劇學習目標庫》為各個在國家策略中的教學目標提供詳盡的教學方法指引。我嘗試在當中選取一些能配合我所提出的地區課程模式指引，根據三個學習範疇（創作、演出、回應）再重新整理，列舉出以下數表。

17　　　　　　　　　　**專門學習範疇的教學方法**

表　演	互　動
■ 示範及提供機會，讓學生嘗試不同的角色，尤其是成人角色，能讓他們運用較多想像力來使自己變得不同。	■ 建立一個有效率的工作環境，來鼓勵學生提出意見及回應，以及敏銳地、恰當地對其他人的意見與想法作出評論。

（下頁續）

表　演	互　動
■ 透過文本中的暗示或是扮演後的討論中，向學生示範如何辨別每個角色或人物的「特定處境」。 ■ 教導學生如何在戲劇中的「此時此刻」情境內，利用視覺、聽覺、語言、空間和肢體語言去表達不同人物，向觀眾呈現出一個「鮮活的真實」（living reality）。 ■ 透過不同的方法如教師入戲[8]（teacher-in-role）、定格形像、坐針氈來示範與角色溝通。 ■ 運用多元的技巧和慣用手法，在戲劇中而非在討論中探究角色、布景及情節。 ■ 鼓勵和獎勵學生以身體和聲音作實驗性和非寫實的回應。 ■ 向學生示範如何正面而非防衛地接受和解說別人的意見，以及如何向評論者尋求澄清。	■ 建立、解釋和示範一些合作時所需的守則和展示時的常規。 ■ 鼓勵學生勇於表達異於大部分人的另類意見。 ■ 設計機會讓學生經驗和應用不同的語境（language register）。 ■ 鼓勵缺乏信心的學生去嘗試扮演一些有權力的角色；設計一些情境讓學生利用適當的方言和語域來解決難題。 ■ 確保學生能在製作的不同發展階段中，運用合適的語調和術語回應其他人的工作。 ■ 創造一個安全的空間，讓學生暫忘自我意識地試驗其聲音及身體。 ■ 提供機會給學生在扮演角色中進行互動，例如：即興練習加上思路追蹤、聲音造景[9]等方

（下頁續）

8 譯注：可參照本書「從 A 到 Z 的戲劇慣用手法及技巧」部分，了解此手法之內容。
9 譯注：「聲音造景」（soundscaping）是一種戲劇慣用手法，以人聲、身體與物品製造音效，營造環境或氣氛。

表　演	互　動
■ 透過對文本或處境的探索，向學生顯示如何以角色扮演發展批判性思考。讓他們懂得在戲中無論「説什麼」和「做什麼」，都維繫於他們所扮演的是什麼人及在什麼樣的處境。	式，或以坐針氈方式與其他同學或小組對話。

18

導　演	管　理
■ 介紹多種有關角色探究的戲劇慣用手法，解釋它們的用途及效果。 ■ 示範利用不同線索材料來創作戲劇。 ■ 給小組直接的例子，讓他們明白如何利用戲劇技巧和舞台調度慣例來向觀眾傳達意念。 ■ 教導學生認識在一個製作中的不同崗位，並介紹彼此的關係。 ■ 示範、探索如何運用燈光、道具和舞台調度，來加強戲劇形式的溝通和對想法的理解。 ■ 辨認、利用一些好的作品給其他小組作參考。 ■ 利用不同的戲劇詮釋去比較同一場戲，使學生明白創作的多元可能。 ■ 用節錄片段來展示不同角色的説話如何與視聽影像交織以呈現意義。 ■ 示範劇本中所建議各種可能的行動和空間運用手法。	■ 示範一些議定共識和處理衝突的策略。 ■ 制訂朝向成果的目標，釐訂評量準則。 ■ 讓學生負責提出戲劇意念，並帶領其他人一起探索。 ■ 示範一些具挑戰性的活動，讓學生從中學會在二人組合或小組中合作和協商。 ■ 示範如何辨別、協商及和議自我／同儕對小組評量的目標和準則。 ■ 適當地分配小組成員的責任崗位，包括演員、設計師、導演、會議主持、時間控制員。 ■ 示範有效管理小組計畫所需的技巧。

19

檢　視	評　量
■ 確保有安排時間來讓學生反思演出作品之形式和內容。 ■ 透過教授、運用和重複強調一些關鍵詞彙，建立一套共同語言和本科專有詞庫。利用詞彙牆（word walls）去記錄、鞏固需在特定語境運用的詞彙和句式。 ■ 介紹、示範運用一些本科的專有術語來作為口頭或書面的批判和評量。 ■ 向學生推廣使用「反思日誌」，鼓勵他們分享所讀所寫。指導學生以多樣化形式來寫作，如角色書寫（writing in role）[10]、共同寫作、撰寫計畫建議及決策、批判評核、分析議題及意義。 ■ 從學生分享看戲或參與戲劇後撰寫的感想，來發掘一些好的參考例子。 ■ 要求學生為演出做一些簡單筆記，概述故事內容、故事主旨，以及記錄當中一些有趣的角色，並說明其原因。如有需要，教師可以提供寫作框架。	■ 確立「講話」（talk）是學習戲劇的中心媒介。確保每名學生都擁有機會去參與討論、探究、協商。 ■ 為學生製造反思機會，讓他們能思考及表達自己對於戲劇經歷中的所想所思。 ■ 確實把反思及評量環節列為課堂的學習目標。 ■ 為學生提供可用作視覺探索和展示意念的媒體，如投影機、數位影像設備、電腦簡報軟體和美工材料。 ■ 鼓勵在課堂上進行一些小型的全體會議以提供形成性反思（formative reflection）的機會。 ■ 利用牆上的角色（role on the wall）[11] 去辨認、記錄和發展對文本中或探索中的角色的認知。

---

10 譯注：以扮演或想像角色的身分來進行寫作。

11 譯注：可參照本書「從 A 到 Z 的戲劇慣用手法及技巧」部分，了解此手法之內容。

七、有效的課堂奠基於教學目標和方法

如何建構戲劇中的學習經驗，是戲劇科的教學關鍵，我們將會在第二部分作詳盡的介紹。在《戲劇學習目標庫》中提供了一個很有用的基本教案架構，與國家策略中所強調的高質素教與學目標是一致的。這個與國際研究接軌的建議模式反映了真實的教學法（authentic pedagogy）中的四個面向。它們分別是：

1. **智性的素質**：透過適當的教與學策略，對學生所能付出的努力和可達到的水準抱有高度期望。
2. **關聯性**：確保教學方法能建基於學生的生活，並且與真實世界中的問題相連接。
3. **社群的支持**：建立一個富有成效、管理良好和安全的學習環境，能包容學習群體中不同成員的需要。
4. **認同差異**：確保教學方法和所採用之材料能容納不同文化和民族的身分差異。

八、建構漸進、富挑戰性的單元課程

設計課程模式的其中一個目的，是確保當中三個部分（設計、教學法、評量）能清晰地把學生在第二學習階段學到的知識，銜接到第四學習階段課程的需求。所以，「漸進」是這裡所提供的課程模式的一個核心概念。

課堂設計和課堂的順序要根據：
■ 教案架構
■ 學生已有的知識
■ 學生所喜歡之學習風格

↓

清楚地辨識學生的重要學習目標，要根據：
■ 他們的知識、理解、態度和技巧
■ 他們的態度和個人成長階段

↓

建構課堂成一系列的片段（episode）是基於：
■ 分開學生不同的學習階段與步驟

↓

決定如何教授每個片段，需要選取：
■ 最好的教學法
■ 最適當的教與學策略
■ 最有效的片段組織

↓

確保連貫性：
■ 提供在課堂的起始具有啟發性
■ 提供片段之間的轉銜，以扼要重述或開啟新的片段
■ 提供總結會議來檢視學習過程

　　本書第一版出版以來，人們就把許多注意力都花在定義、描述學生如何「在戲劇中做得更好」。很多學校都鼓勵戲劇教師明列個別學生達成指標的程度，以配合國家課程的要求。可是，《戲

21

劇學習目標庫》採取一個不同的方法。它為每個學習目標建議表現指標,以協助教師透過學生的學習行為和成果、根據其達致表現指標的頻率,來評量全班或個別學生。我採用了這個較簡單的方法,對以下所提出的評核框架進行了漸進程度的評量。

九、課程模式中三個重要的漸進原則

這裡我想強調:在三個學習階段中,不論是課程設計還是教學方法,都必須要帶著漸進發展的意識。總括地說,在設計課堂和課節順序時要謹記以下三個重要的漸進原則:

1. **學生應該負責為演出的模式和工作方向,作出有知識根據的選擇:**
   但是要能作出這個選擇,則根據於:
   (1)對「戲劇模式」的知識和經驗,以及對「戲劇模式」的歷史和傳統;知道為什麼有這個「選擇」;
   (2)在創作過程裡外,能表達自己想法和與他人協同合作的技巧;
   (3)把知識和經驗結合「方法」和想表達的「意思」;明白表演模式和創作內容兩者間密切地相互影響。除非有人給你責任,否則,你沒有責任可擔。

2. **學生變得越來越能夠選擇性地運用較複雜的「符號」和姿勢,去創作和表達意思:**
   這種能力有賴於課程對以下事項的關注程度:
   (1)反身思考(reflexiveness)[12]:能把注意力放在「劇場即劇

---

[12] 譯注:人們可以經由反身思考,因應新情境而做出認知上的改變。

場」（theatre-as-theatre）多於「劇場是一個虛幻的經驗」；讓學生理解及經驗劇場製作的基本要素（如何使用戲劇的元素和慣用手法）。

(2)戲劇指導（dramaturgy）：將注意力放在戲劇行動的「編排組織」；學生會分析如何建構和編撰有效果的戲劇作品。

(3)模仿能力（modelling）：提供一些生活經驗，並利用分析劇場工作者的作品來闡述不同的模式和傳統。

3.評量應根據學生的「實質創作」而非想像中的經驗：

在第三學習階段中，教師除了讓學生經驗由自己主導帶領的課程外，亦應越來越注重於讓他們去學習自行創作戲劇。

在主流劇場的傳統中，文章和其他形式的劇評都集中在對作品的心理呈現之討論，如：演出如何反映角色私下的和公開的心理狀況；演員如何理解和表現角色的心理狀況；觀眾的心理如何被演出所影響等等。儘管有這些重點，我們仍然無法基於想像學生私下的心理狀態（他們的「信念」和「深層感受」）來進行評量。評量只能根據我們在學生作品中所見所聞，或是一些可以讓別人看到的、聽到的經驗來說明和分析。

22

十、漸進式的戲劇創作

為了在實務中執行以上三個重要的漸進原則，課程必須不斷地要為學生創作、演出和回應戲劇的能力提供挑戰。如同「鷹架」（scaffolding）一般，透過謹慎地設計步驟和階段，就能讓學生在

自己已有的和前設經驗及知識上，逐漸建構將來升學所需的經驗和知識，或達成學校本位戲劇經驗的終極要求。

在下述表格中，我提出了一些發展漸進式戲劇課程所須的進程建議。這些類別回應了教學上的漸進歷程（pedagogic progression），由教師主導學生簡單地運用寫實主義形式來呈現戲劇，再慢慢地賦予學生承擔小組工作的責任，教師逐漸變為指導、管理、監察和評量小組工作的角色。

這些類別也反映了二十世紀西方劇場發展中美學的漸進階段方向。這些方向顯示了前衛派（avant-garde）路線的特質，與一些帶領著不同於後自然主義者劇場運動（象徵主義、表現主義、形體和社會表現主義等）的大師們，如梅耶荷德（Meyerhold）、布萊希特（Brecht）、果托斯基（Grotowski）和波瓦（Boal），在同一陣線上，向傳統劇場中的寫實和自然主義提出挑戰。

我必須再次強調：漸進式不等於是層階式（hierarchical），它具有歷史性，像歷史那樣因著過去影響著未來。年輕人所喜愛的戲劇形式和那些能吸引他們注意的劇場，將會持續不斷地影響其戲劇作品創作和娛樂的選擇。

從 第二學習階段	漸進到 第三學習階段	達至 第四學習階段
規則	從 依照遊戲規則、輪流工作或是追求簡單的目標，如：爭吵、說服別人和描述事件的基本架構 走向 角色的語言和行為須根據框架之設定；能把指定情境演繹出來；能促使學生溝通相關文本（行動）和情景（境況）之間的關係。	給予框架／ 指定情境
符號	從 認知和使用常見的、慣用的符號，去傳達心情、目的和反應。例如：垂頭表示失望；握緊拳頭表示沮喪或憤怒。無論任何人來運用這些符號意思都會是一樣 走向 能進一步運用微妙與令人回味的姿勢，以及一些意味深長、獨特性的象徵去呈現劇中的不同人物、處境和主題。	象徵／姿勢

23

（下頁續）

038 Beginning Drama 11-14

從 第二學習階段	漸進到 第三學習階段	達至 第四學習階段
種類	從	角色
	根據不同文化和職業種類或是一些集體身分（如村民、工人、家長、士兵），來設計及扮演一些角色。 「村民們會如何反應？」 走向 能讓學生創作、詮釋一些在特定社會、歷史、身體和心理「特徵」的人物。 「這批村民們會如何反應？」	
線性敘事	從	拼湊
	自然地演繹一個集中於因果關係、敘事邏輯的簡單敘事架構之故事戲劇 走向 演繹時運用主題而非時序組織的、較複雜的插曲式情節架構，相關情節次序的設計，是為了進一步呈現對事件的「意義」詮釋和隱含意義的呈現，演出亦能運用到象徵化及表現意味豐富的戲劇慣用手法，如心底話（alter-ego）13、舞蹈、面具和定格形像。	

（下頁續）

---

13 譯注：可參照本書「從 A 到 Z 的戲劇慣用手法及技巧」部分，了解此手法之內容。

從 第二學習階段	漸進到 第三學習階段	達至 第四學習階段
虛幻	從 著重製造「真相」和「現實」，「活在」想像的經驗中的「寫實主義」 走向 更著重了解戲劇是怎樣被創作，和它是由什麼組成的。「幻像」被打破，更加強調學生如何控制、應用戲劇元素來形塑、呈現作品。	反省
教師為中心 （全組）	從 由教師主導建議及帶領的工作形式，例如：教師在戲劇中扮演角色與學生一同入戲、教師向學生示範語氣和演繹角色、教師為學生設計戲劇張力、挑戰和支援學生的工作 走向 以小組工作形式回應由教師訂定或是由小組決定的任務。學生需要自訂一些具創意且有效的方法來執行該任務。	自主的戲劇家 （小組）

十一、第三學習階段課程模式的評量

24

如何評量戲劇？需評量戲劇中的什麼項目？應採用什麼方法

來評量戲劇?這都是常見的問題。但無論答案是什麼,評量方法的設定,都必須能公平、可靠和客觀地反映學生在戲劇學習上的進展。可是,在選取之前,得先解決一些實際和哲學上的問題。

㈠實際的問題

戲劇課中評量的次數、嚴謹度和內容,受到不同地區的因素影響,我們在先前的章節中已討論過一些因素。前文已提及:不同地區的學校對戲劇在學校中的價值持不同看法,而這些價值取向往往又會影響戲劇的評量方式。有些學校會較著重評量學生的個人行為和人際交往表現;然而,另一些學校可能會把戲劇的評量納入了語文科的評量當中,衡量戲劇如何協助學生發展語言學和文學上的技巧與知識;另外,當一些學校把第三階段的戲劇科學習視為晉升第四學習階段的基礎,評量的內容就可能會集中於學生能否具備未來就讀戲劇專業課程的能力。

對於戲劇的責任處理需求上,不同學校亦根據其賦予戲劇在課程中的價值而有不同的做法。有些學校要求在戲劇課中有詳盡的評量;有些學校則不然,除了評量學生的自信心和願意與他人有效合作的態度之外,他們就根本不需要其他詳細方式的評量。

戲劇課節的時間長度亦因校而異,不能期望一批只上三十五分鐘戲劇課的學生達成的水準、學習的深度和廣度,能與上一小時的學生相比。有些教師想要在短時間內為學生提供有意義的學習經驗,但卻抗拒花時間為學生個人作詳細的評量。

資源運用也會影響學生發展能力以達到標準的機會。在許多學校裡,學生只能有限度地使用戲劇設備。例如,充分、適當的

空間是所有戲劇創作的重要元素，有些教師卻被迫要在一些難以發展該技巧的狹小空間，如一般教室、休息室或樓梯間上課；同樣地，如想運用燈光及音響技術進行創作，就需要依靠學校提供技術。

還有許多關於在不同社會和短暫活動的個人評量方法問題，以及關於學生個人成績的能見度及證據等問題。第三學習階段裡的戲劇教師，教學的關係都以小組而非個人為主；但在英語學習的教室裡，學生們雖然處於群體的環境中，可是通常只需獨立地把工作完成。英語科的教與學的性質，會允許教師花時間去與學生作個別的接觸，該科的評量方式較針對個人，以及針對可以為學生的發展歷程提供永久證據的檔案。可是，戲劇教師卻：

- 只能與小組短暫相處；
- 只有為小組而非個人訂定工作目標；
- 不能把小組或全班演出永久地記錄下來；以及

25

- 因為要任教整年級的學生，而很難去追蹤每名學生的表現。

(二)哲學的問題

除了有關實際的問題外，還有一些關於哲學的問題需要討論，如教授戲劇的目的，以及對「創意」的評量等問題。

戲劇教師必須發展、平衡兩方面的藝術傳統：文學的和私下的、口述的和共同參與的。在文學的和私下的藝術方面，令人想起狹義的劇場藝術，當中會讓我們想起一些劇場製作和接收上的特別技巧，這些將會反映到演出者的強弱項。因此，我們會對不同演員的表現作出批評。例如：我們會透過試演，根據能力和表

現來挑選合適的演員。對於業餘工作者，他們通常會透過比賽或參加認可之測試，來建立個人的能力水平。而譯解分析戲劇文學作品的意義和撰寫戲劇評論亦需要一些個人能力，當中一部分的學生會比其他伙伴顯得較有能力去執行這些工作。

在口述的和共同參與的美學方面，令人聯想到大眾娛樂和社區藝術製作，它們都強調社會經驗的素質，注重集體參與製作而非突出個人的技巧與貢獻。在口述的和共同參與的傳統下，個別差異會被團體中的群體效應所掩蓋，透過集思廣益來達致共同的目標。總的來說，不分個人能力而願意投入參與，會比展現個人的藝術造詣更為重要。

因此，大部分在第三學習階段的戲劇都與其他的社區藝術（如社區歌唱、舞蹈、說故事和儀式）目標一致。在這些社區環境中，我們著重分享的生活經驗以及參與時獲得的共同愉悅感，更勝過當中所涉及的技巧。假如，我以觀眾的身分進場看一齣專業舞團的表演，我欣賞的快感會來自舞者的技巧；但如果我去酒吧，想與友人共舞一個晚上，我並不需要別人對我的舞蹈技巧作出回饋，或對我的體型和儀態作出評論。

如果評量方式過分強調辨識學生作為表演者和回應者的個人能力之高低，就會對一些沒有特定技術、沒有發展潛質、但仍然能夠在參與戲劇的過程中獲得社交能力及在美學發展有所得益的學生，造成疏離和去權（disempower）的危險。

不過，在另一方面，當一個課程忽略對學生個人技巧的發展與評量，也會使得那些有興趣以戲劇為職業的學生，沒法得到他們所需的有關教學和對本身表演技巧的評量。尤有甚者，一些不

願意在戲劇課程中訂立個人及可見評量政策的學校，更意味著「戲劇沒有正規學科般的地位」。

現今西方社會仍然相信所謂「藝術家」是一群「天生」超凡、具備不可思議的「創造力」的人。這個信念使人們不願意為學生藝術作品的「品質」進行主觀的評量，或對他們「自我表達」的嘗試進行外在的評價。但是，越來越多人開始注意到藝術家的才能並非只靠天賦，而是可以經由特別訓練得來的。越來越多社會團體為學生提供這些特別訓練。這五十多年來，我們看到一些既非中產階級亦非傳統歐洲的專業演員出現。（雖然在十九世紀之前，演員們都喜歡享有與補鍋匠同樣的社會身分。）我們也注意到，所有人都可以透過認知和溝通來「創造」及交流我們的世界。

因此，藝術是一種特別的溝通形式，它擁有著相同於其他溝通形式的技巧，它是一種基於對世界、對他人認知的溝通能力；它能使人以「假想自己是……」的方式去分享、回應別人的經驗。所以，戲劇是一種透過慣用手法來分享經歷的溝通形式。

有一些學生比較適合以戲劇來跟人有效地溝通，就正如有些學生較有科學或運動天分一樣。但是，又如以寫作為溝通方式，所有學生都必須通過培訓和指導，學習如何正規地利用戲劇方法來進行溝通，才能夠讓他們得以發揮潛能。而這種培訓是必須像寫作的溝通形式一樣被客觀地評量。

十二、《戲劇學習目標庫》中的評量指引

《戲劇學習目標庫》中提醒我們：「評量是我們每一課中的

必要部分;『自我評量』應是每名學生在戲劇課中必要的工作。」
目標庫中,詳細地提供了有關如何去評量個別目標的指引,並列
出一系列的表現指標來引導評量。我選取和重組了一些當中的表
現指標,配合三個在建議課程中的學習範疇,提出了一些連貫幾
個學習階段的漸進建議。為使這個課程模式能達到效果,我們必
須注意以下項目的一致性和連貫性:

課堂的關鍵目標

▼

選取的教學方法

▼

評量的機會和策略

▼

適當的表現指標

㈠課堂的關鍵目標

　　例如在七年級的第一學期,相關的專門學習範疇中的關鍵目
標是:

A1 :掌握、應用戲劇元素,特別是在空間中聲音和身體的運用。

IA1:能與其他演員一起表演和互動,成為整體演出的一部分。

27　　於是,我將會選取以下的教學方法來傳達這些關鍵目標:

　*1.*教導學生如何在戲劇中的「此時此刻」情境內,利用視覺、聽
　　覺、語言、空間和肢體語言去表達不同人物,向觀眾呈現出一
　　個「鮮活的真實」;

2. 透過文本中的暗示或是扮演後的討論中，向學生示範如何辨別每個角色或人物的「特定處境」；

3. 提供機會給學生在扮演角色中進行互動，例如：即興練習加上思路追蹤、聲音造景等方式，或以坐針氈方式與其他同學或小組對話。

(二)評量的機會和策略

評量的機會和策略之設計要與關鍵目標和教學方法一致，須包括：

1. 學生利用文本作線索材料，扮演當中角色，在角色中會被其他扮演角色的學生詢問其行為動機和事件的情況。

2. 學生能以個人或小組形式，在課堂的不同階段，根據線索材料的建議和提示，以及入戲工作的探索結果，利用牆上的角色去列出他們所扮演角色的特徵和細節。

3. 小組能以定格形像來呈現「戲劇」中的某個時刻，主要角色的關係網絡中的張力和人際距離（proxemics）。例如：茱麗葉[14]在第一幕第五場完結時與其他角色的關係。

(三)適當的表現指標

這些關鍵目標、教學方法、評量的機會和策略，是為找尋以下七年級的表現指標的根據而設。學生：

1. 能在角色內外與其他人有效地合作。

---

14 譯注：莎士比亞名著《羅密歐與茱麗葉》中的女主角。

開始玩戲劇11-14歲

28

關鍵表現指標的評量

學習範疇	關鍵表現指標（七年級）	關鍵表現指標（八年級）	關鍵表現指標（九年級）
表演互動 A-經常 S-偶爾 R-甚少	能在角色內外與其他人有效地合作。	能透過自我評量去訂立改善目標。	能當想像力及創意地提出、探究、實驗一些新的構想和創作意念，以及回應線索材料的新方法。
	能利用聲音和動作去表達操持不同方言、語域的角色和處境。	能採用不同聲音和動作來反映人物在不同環境下的轉變。	能以不同戲劇風格和種類來表達不同的情緒與效果。
	能在討論時提供意見；聆聽和接納別人的意見。	了解「批判而敏感地回應別人意見」的重要性。	能有想像力及敏銳地詮釋線索材料，利用一系列的戲劇技巧去探討、發展角色。
	能分析不同劇本及文本中的台詞，從而產生對角色的理解。	能維持在角色中探究議題、想法和關係。	能利用聲音和動作去創造及模仿人物，以維持觀眾的興趣。
	能觀察、維持在班級及小組裡討論的規則。	能在角色的性格描述和探究中，認同並去討論文化、道德和社會議題。	在主題及內容中研究角色。
導演管理	能在指定環境下確認、認可以用來演戲的可能性。	能分辨議題，組織小組一同有焦點地進行探索。	能明白技術和設計元素的貢獻，並懂得適當地運用它們。
	能組織不同分場而令觀眾感到其一致性。	能明白、運用一系列的戲劇技巧。	能積極地與他人合作設計演出，為演出的議題和構想注入新視點。
	能分辨和運用多類型的戲劇技巧去進行探究、彩排和表演。	能明白由劇本中用到的書寫慣例和戲劇中不同的結構類型。	能擔任導演工作，帶領討論、示範和詮釋文本。
	能運用批判式的發問技巧去發展和提升構想。	能與他人合作，並且以領導戲劇演出。	能解釋服裝、布景和技術效果如何影響觀眾的反應、情緒和氣氛。

檢視評量			
	能在戲劇中運用視覺、聽覺和動感技巧了解難。	能反思演出對觀眾之影響，並提出修改和改善方法。	能明白如何透過表演技巧和敘事的架構來製造張力。
	能聆聽、融合與自己不同的意見。	能運用適當的語體去分析、比較，清晰地表達一些想法及理解。	能明白，適當地運用專業術語來形容及評量被探究的文本和被創作的戲劇。
	能訂定目標，並監督自己和同儕的工作進度。	能適切地選取技巧和組織計畫。	能以多元方法記錄個人和批判性的回應及訂立可以達成的目標。
	能保存多種不同的視覺和書面的基本紀錄。	能對戲劇表演作出評論。	能注意到文本的傳達方式及為其提供特定的觀點（聲音）。
	能正面地、批判地評價自己和別人的作品。	能反思和討論劇中探討個人的和／或社會的意念、議題及關係。	能辨別和解釋歷史／社會或演出處境的改變如何影響文本的詮釋。
	能辨別和討論在劇本、文本及演出中形式、內容、動機之間的關係。	能運用適當的專有名詞為看過的作品和自己的作品撰寫劇評。	能利用專有名詞來描述自己及別人作品中的演出元素、組織有關評論向讀者報告並且吸引他們。
	能在編作過程、彩排及討論中反思相關的主題、構想和議題。		能對於編劇、導演、設計師和表演者技巧的主觀回應和批判性的評量。
	能明白和運用適當的標準去評量工作，並且以此作為將來計畫的參考。		

2. 能利用聲音和動作去表達那些操持不同方言、語域的角色和處境。

3. 能在討論時提供意見；聆聽和接納別人的意見。

4. 能分析不同劇本及文本中的台詞，從而產生對角色的理解。

5. 能觀察、維持在班級及小組裡討論的規則。

6. 能在指定環境下確認、評述可以用來演戲的可能性。

以上的例子，除了第六項的表現指標是出於導演／管理學習範疇外，其餘五項均選取於表演／互動學習範疇。雖然關鍵目標是屬於第一範疇，但是由於該項指標較適合選取的表演目標，在富彈性的學習範疇下，我必須照顧到貫穿所有學習範疇的學習機會，因此把該項放在這裡。

30 十三、評量方式

假如評量是用來建立不同能力程度和討論發展進度的基礎，那它必須是永久的、可見的、可討論的。要有一些供教師、學生和家長查考的永久性達標紀錄；要有能讓不同人士都可以看到、聽到和閱讀到的材料，而不可使用那些不能作為客觀證據的學生實務記述。這些紀錄必須可以用作探討評量的公平性，並且可以作為商議將來改善項目與指標的根據。如前所說，戲劇包括了多元的技巧和活動，因此，它也需要採用多種工具進行評量。

以下是一些在戲劇評量中常用的方式：

工　具	描　述
日誌和日記	學生保存了在戲劇課堂中記錄下回應和工作過程的筆記簿或文件檔案。這可以成為一些非正規的師生對話紀錄，而書寫的內容也可以是指定的作業，例如：描寫要扮演的角色。
文章和劇本寫作	劇本中的台詞和／或場景，必須為原創、自行詮釋或透過把其他來源材料戲劇化而產生，包括即興練習。評量是根據學生對特定的戲劇動機或慣用手法的理解。寫作亦可以與戲劇內容結合，例如戲中的書信、日記、指引、請願書、意向書等。
錄影和錄音	由教師或學生錄影或錄音的紀錄，能成為學生在某時刻的能力程度的永久紀錄。
書面和標準化測驗	測驗學生有關戲劇文本、戲劇種類及歷史的知識。例如在第三學習階段的國家統一考試（莎士比亞及説話和聆聽）。
藝術作品	永久地保存學生的創作品和回應作品，如面具、拼貼、原聲帶、布景和服裝設計、詩篇和故事。
講座／示範	學生進行研究及設計後，帶領一些有關戲劇範疇的討論。例如：角色研究、議題和歷史時段等方面的小組討論。學生身體力行地示範及評價自己的創作過程，闡述演繹一個角色的不同方法，或分享他們如何製作角色的面具。
自我評量檔案	定期給予學生一些學習目標檢核表；發給他們自我進度評量表，讓他們舉出例證來支持自己的評量。教師可以根據學生的評量而進行跟進討論，以決定認可／不認可這些評量結果。

31   **戲劇與語言發展**

　　到目前為止，我們都集中談論戲劇課程——這個課程受限於戲劇範疇裡所選取的概念、實務、技巧和經驗的正規研習。本節我們將會著重於檢視戲劇與語言、讀寫能力發展方面的相互關係。我們注意到：使用戲劇手法對學習英語和語言藝術所產生的好處，也是校方一個很重要的考量。在許多學校裡，戲劇是英語課程中的一環，由一些以英語教學為第一專長的教師所任教。因此，戲劇課程需要有一些附加目標（很明顯地，就是那些關注讀寫能力和語言發展等的附加目標），以作為課程內容的一部分。

一、戲劇文學

　　在英語國家中，這種「將學習和經驗戲劇視為學習英語及文學的一部分」的看法，有著悠久的歷史。從歷史角度來說，這是對英語劇場的文學性反思。在劇場的傳統中，一向都對劇作家的工作予以很大的肯定。所以，學習戲劇文學就無可避免地成為英語科的一部分。以戲劇或文學形式向學生介紹傳統和當代戲劇文學，仍然相當重要。這能引起學生對劇作家作品的樂趣和挑戰，並且提供管道去接觸表演的規則和劇場文學的歷史。從細心閱讀以了解劇作家的寫作動機，到解構其文本，再以身體去重組、化成演出文本，是一個讓學生得以依循的重要學習過程。

二、語域和溝通的符碼

　　本來，閱讀並演出戲劇文學中的節錄，展現了英語與戲劇的明顯關係。可是，近年來這個關係有了一個新的延續方向——我們越來越在乎將語言看成是一種社會建構的系統。我們所運用的語言是高度「處境化」（situational）和文化取向的。換句話說，我們所說所做是受制於身處的不同情境。面對不同的處境，我們就需要不同的語言；我們透過語言把自己的想法公開，以期和別人溝通。所以，此公開的溝通內容視乎與相關人士溝通時的共同語言資源。如果我想把我的想法和感受告訴你，我必須選取一種大家都能明白、而且在該處境中恰當的溝通方式來進行交流；如果我歷經了一件令我非常悲痛的車禍事故，我可能要和別人提及這件悲痛的事件／車禍。至於要用哪一種溝通方式（以及詮釋所謂悲痛的「意思」），則視乎當時我向誰交代這事件：

■ 在意外現場的警察；
■ 在醫院中的職員；
■ 在家中的家人；
■ 一些來電問候我的朋友；
■ 一位來調查該事故的保險經紀人；
■ 在法院中聽取口供的法官。

　　除了這些可能出現的「說話情境」，還可能需要以書面來溝通，不同的情境則需要不同的書面形式，如：給警察的證供、給保險公司的報告、一封給朋友的信。語言學的社會理論是指我們

32

能連結那些需要溝通的不同社會情境，我們稱這個溝通形式為語域（register）。以下三種語域中的元素，結合起來可以用作分析溝通情境的方法：

1. **說話內容（Discourse）**：我會討論什麼樣的內容呢？在以上有關車禍的例子中，乍看之下無論對誰說的內容好像都一樣（都是有關我的車禍），但事實上，跟不同的對象交談，內容會有些許的不同。當我要向警察或法官交代車禍經過時，我的說話內容或是在戲劇中所謂的「潛台詞」（sub-text），會傾向於呈現自己為一名無辜的受害者，而不會鉅細靡遺地交代意外；面對家人時，我的說話內容則會希望他們給我所需要的擁抱和安慰。

2. **說話的大意（Tenor）**：我會透過說話和其他人建立什麼樣的關係呢？以上的例子顯示了不同的關係建立。由建立一份正式或遵從的關係，如跟警察和法官，到我所希望與家人建立的親密關係。

3. **形式（Mode）**：我會採用什麼樣的溝通形式和種類呢？基本上可以分為說話和寫作兩種方式。但是在兩種方式當中還會再區分。形式是語域中最受文化影響的元素，我們只能在某些而非全部的情境應用某些溝通慣例。如果要成為有讀寫能力的人，就必須懂得這些規範方式，也要懂得如何觀察這些慣例，並在適當時機運用特定的方式。身為一名對自己文化有認識的人，我明白以上提及所有的例子需要不同的溝通方式：

- 向警察作「陳述」。
- 在法庭中提供「證供」。
- 向保險公司「解釋」。
- 把事件如軼事般向朋友及家人「重述」。

　　要成為有讀寫能力的人，就必須擁有能力辨認、使用和控制語域，以獲得社交力量。它會使你控制你所遇到的不同溝通情境。傳統上這種讀寫能力的程度跟教育以及特定社會群體的培育方法有關。換句話說，透過家庭及學校教育，有些孩子會比其他孩子更有機會經驗文化中微細的差別及多元的語域。假如你在一個家庭成員都擁有高讀寫能力的專業家庭中成長，那麼，比起那些生長家庭中沒有學習、沒有經驗過「為不同目的而在『不同』處境中，使用不同語言」訓練的孩子，你會更有能力去運用多元語域。

　　由於戲劇本身就很「處境化」（situational），它為所有學生提供了經歷、了解語域的途徑。以上所舉有關在車禍事件中不同溝通的情境，全都可以在課室中模擬扮演及進行分析。至於不同的寫作形式，亦可以結合在戲劇中。透過建構和經歷同一事件中不同的處境，所有學生都能夠體驗到具備讀寫能力的力量。

　　在真實生活經驗（lived experience）中，我們需要經營不同的社會角色，我們需要選擇、採用不同的語域，需要根據身處的不同的情境去適應／轉換不同的方言。這也是經常在戲劇中發生的情況。

- 我們會想像自己身處在與教室不一樣的環境和社會狀況中：在戲劇中，語言只是一種讓我們呈現處境的方式。我們不會只談

33

及置身的情境，還會有意義地利用空間、姿勢和物件去定義在處境中的身體和社會元素。

■ 我們會扮演新的角色：我們的說話要根據我們在戲劇中的角色和所面對的處境需求。

■ 我們會與他人互動：我們會透過語言和動作與其他演員建立關係；我們所採用的語言表達了自身所需和劇中的動機，且象徵劇中的社會地位和階層。假如我扮演一名律師，我不只會選擇一些律師所用的術語，我還會利用談吐來顯示我是一名律師。

■ 我們會在經驗中學會新語言：戲劇中的經驗，就如生活中的經驗，它會成為我們的個人資源，幫助我們增加知識及應用語言的能力。

三、肢體化的語言

我們可以抽象地談論語言，但是我們的真實語言經驗（lived experience of language）卻是即時、會使用到身體的。其中一個被戲劇解決的文化描繪（cultural representation）問題，就是戲劇能提供一個「現在式」的呈現——顯現即時的生活面貌，而非報告一些已發生的生活事件。不管你採用哪一種戲劇製作形式，都存在著把文字和意念肢體化的挑戰。從文本中選取角色，然後把那個角色搬上舞台，意味著要把對話和舞台指示轉化成肢體行動和反應。哈姆雷特（Hamlet）[15]的想法會變成有血有肉的真實存在，

---

[15] 譯注：莎士比亞名著《哈姆雷特》（又名《王子復仇記》）中的主角。

我們能嗅到他，也能看到他「身體上」（physical）的痛楚。在即興中，當我們像在生活中那樣不確定別人會說些什麼時，肢體會影響著我們及他人要說的話。我們能夠體驗真實的驚喜，為緊張、痛苦和哀傷感到焦急不安。無論在文本或即興的形式中，我們不止體驗語言，更重要的是，我們體驗了語言想傳達的「經驗」。

34

四、解構語言

排練的過程中，演員運用不同的戲劇元素，如時間、空間和存在來解構文本，最終希望重建一篇可以用來演出的文本。排練和工作坊的目的，是用來探究意義、角色和意念，以及試驗不同詮釋之可能性。相對於討論和解釋，演員透過戲劇，運用角色、空間和時間去反映對文本的見解。同樣地，學生可以在英語課堂中，運用戲劇慣用手法來探討、發現潛藏在文本中的意義。他們可以：

■ 把原文本演出來；
■ 扮演文本中的角色，讓其他人詢問其動機和意圖；
■ 以多元的寫實和象徵手法，運用空間和物件（包括服裝）呈現文本中的意義；例如以身體來代表角色之間在心靈上和文化上的距離；
■ 創作一些在原文本中「遺漏」或沒有提及的時刻與情境；
■ 探討如何利用姿勢去表達「潛台詞」；例如：如何把內心話明顯地演繹出來；
■ 編寫或即興創作一些不同的場景或結局；

■ 大家互相示範詮釋和表述意思的多元「可能性」（不同組別面
對同一個題材會有不同反應）。

　　戲劇為學生提供一種即時和具體的方法，讓他們掌握對文本
和文字表述的理解。我們的學生亦大多以此方式來理解世界。戲
劇為學生提供一個重建經驗的方法。這個過程讓他們更關注作者
在文本中所發出的「聲音」，了解其創作的意識型態。

五、戲劇與寫作

　　戲劇能幫助學生把抽象的意念和書寫語言，轉化為具體和活
化的經驗，它也能幫助學生把這些生活經驗化作多樣的書面表述。
當中有一些實際的和教學的因素促使這個過程。由於戲劇乃即時
演出的形式，作品只存在於表演的一刻，可以說是維持得最短暫
的藝術。而書寫的作品就能為學生在戲劇課中保存永久的、可看
見的進度和學習紀錄；書寫能幫助學生反思、加深對自己創作或
觀賞過的戲劇作出回應。戲劇能提供不同類型寫作（如報告、論
證、書信）的邏輯和目的，而不會讓人覺得乏味。在下頁表格裡，
我思考了戲劇如何幫助第三學習階段的學生進行寫作。根據學生
寫作樣本之評量結果，把他們按能力分成三組。雖然下表集中於
談及寫作能力，但它也是一個很好的摘要，來說明戲劇如何協助
學生學習英語。

寫作能力稍遜的學生，在下列項目中表現較佳：	
在沒有恐懼、「可以做到」的戲劇氛圍中工作	戲劇是一種說話藝術。青年人在家中的社交情境裡使用語言，是他們最熟悉的情景。學生在戲劇中交流想法，並不會像閱讀和寫作活動一樣，暴露其技術準繩度（technical accuracy）的失敗。
共同提出想法，以小組形式演出	戲劇是一種群體的藝術形式。透過協作才能了解當中的過程。青年人透過集思廣益及資源共享來互相支持、發展彼此之技術，個人則可以因獲得這些社會資源而豐富他們的寫作內容。
能在寫作前利用物件和傢俱呈現地點和想法	選取、運用視覺和具體的符號，會比採用抽象的象徵語言系統來得容易。為角色選擇一件合適的傢俱、決定一張能代表事件和回憶的照片，都能成為寫作者詮釋作品的素材。
能維持他們興趣的戲劇故事	敘事是一種令人感到熟悉及容易使用的整理、呈現經驗的方法。戲劇中的故事是需要演出來的，它很注重故事中的張力和情感。在戲劇中的故事，因著它的感染力而能夠提供有意義的情境，而讓學生撰寫一些特定的文字，如審判詞、驗屍官報告、經濟預測。
能有機會以「坐針氈」方式與角色對話，例如訪問角色	在與角色對話的過程中，透過發問、聆聽和觀察角色反應，能協助學生去分辨、豐富他們對角色的描繪。親身看到角色，能引發許多學生自己的想法。

寫作能力中等的學生，在下列項目中表現較佳：	
社會寫實主義的主題和戲劇形式	戲劇能讓學生有意義地透過不同情境中的關係，探討有關個人和社會的議題，如欺凌、家庭政治、種族歧視、個人身分。學生享受戲劇中的寫實，同時享受箇中的張力和強化的情感。學生能在戲劇中透過即時的想法和行動來探索人物的感受。
透過戲劇，在主題中投入情感	戲劇能把一些抽象的主題和概念個人化。在一個有關種族歧視的戲劇中，學生會親自扮演受影響的人，並以其身分作出回應，他們會感受劇中人物的處境而引發思考劇中的主題。即使學生要撰寫一篇客觀的文字，如學校的反種族歧視政策，他們仍能注入曾在戲劇中產生的情感。
能在即興練習中，發現更多相關角色或箇中境況	戲劇是一個對話體，它由許多聲音組成。每個角色會持不同的角度去看同一事件，作出不同回應。這能幫助學生從多元觀點看事件。學生會從其他演員對自身角色的不同反應來發掘角色的另一面。這些經驗能幫助學生在他們的寫作中包含更廣闊的觀點和更全面的人物描寫。
根據戲劇中的經驗，與其他人協商、草擬內容	戲劇能呈現社會經驗、結構和過程。學生牽涉在不同的人類處境中，被賦予多元的寫作機會。在戲劇情境中，學生可能需要撰寫信函、日記、法律文件、劇本、故事。他們能從多類型的選擇中協商自己的作品。他們也可以和同儕在同一個戲劇處境中，互相比較各自所選取的不同文藝類型和語域。

36

（下頁續）

能撰寫個人回應／日誌去反映戲劇工作的主觀回應	學生在享受戲劇群體合作本質的同時，亦需要以自己的聲音為自己詮釋戲劇的意義。讓學生撰寫個人回應能使他們反思對戲劇的感受，建立個人對劇中接下來可能會發生什麼的詮釋。

寫作能力高的學生，在下列項目中表現較佳：

能在即興練習中的姿勢和動作尋找潛台詞	在扮演中，學生會享受利用非語言的姿勢、空間，以暗示語言或提供細節，藉此來建立反諷和矛盾的效果。這樣能幫助學生寫作中思及有關非語言符號的參考。例如：描述一名充滿自信的角色，卻正感到不安的情形。
能在戲劇中辨認、引入符號和寓言；注意到戲劇作為藝術文本，能開放地編作和詮釋	雖然戲劇是透過人與人之間的說話和擬真的生活行動來令人理解，但它也是一種文本。學生享受著闡述戲劇中不同層次的意義、動機、重要符號及主題。對這些學生來說，參與戲劇即接近於文學上的「閱讀」和「寫作」。這些經驗能幫助學生思考寫作的結構及隱喻。
透過老師在即興中運用的語言模式，從中尋找及使用寫作中合適的語域	學生會樂於挑戰自己，撰寫一些由戲劇邏輯提供或由教師入戲時採用過的罕見語域和文藝類型。例如：撰寫老闆的心聲、一場法庭戲中的法律意見書、模仿歷史語言和文件等。

37

（下頁續）

能在角色中回應別人的訪問，擴展對扮演角色的理解	在「坐針氈」接受提問的挑戰時，善於表達的學生會悠然自得，他們能維持在角色中回答任何問題。當他們直覺地、可信地回應問題時，會確定自己對角色的想法，成為寫作中發展角色的素材。
能編寫戲劇場景，或擁有進一步發展戲劇的文章	回應戲劇時的寫作作品，亦可以再在劇中引入，成為推進戲劇行動的一個工具（手段）。一封學生入戲時撰寫的信函，也可以讓劇中一個角色在戲中讀出來；一段日記可以是下一段即興的起始點。任何形式的文件和文字均可以是戲劇故事中的一部分。

 ## 戲劇中的生活經驗

　　直至目前為止，我們集中論及戲劇這門學科在製作和接收中的符碼、戲劇的歷史和技巧———一些獨立存在於學習者之外和需要從學習而獲得的知識。一個明確的戲劇課程除了得明列要教些什麼外，還要清楚地知道戲劇在學生生活中所扮演的角色。學生是學校戲劇的主體。透過創作、演出和回應，他們有機會從分享中發現更多自己、他人和所身處的世界。因此，學生在戲劇課程中的經驗會因人而異。透過「以身體來參與戲劇活動」，以及「在學校戲劇中獲得的肢體經驗」，學生所學到的不只是「何謂戲

劇」，還學會了「戲劇能做些什麼」，如戲劇在文化中所扮演的角色。

　　所以，學校中的戲劇又像是傳統社會中的戲劇，雙方都會反映、建立社群。不管過去或現在，社群都視戲劇為呈現文化及公民面貌的手段。戲劇仍是一個能讓隱藏在社群文化中的影響力得以被看見、被討論和被改變的主要途徑。它能呈現我們如何生活、如何演變成現在的生活方式、如何活得跟現在不一樣；它會利用、評論社群文化中制訂的規則、慣例、地位、傳統、集體身分、禁忌及其他共同認可的涵義。戲劇製作能讓學生參與討論、評論這些文化概念；戲劇允許他們「把玩」不同的影像，透過呈現「他們是誰」、「他們將會變成誰」的影像，去發掘另一些選擇，親身經驗成為「他人」的區別。戲劇的製作和演出也是一種建立社群的方式，它需要一個社群（可能是一個班或是學校戲劇製作小組）一起工作，以獲得共同經驗，並把共同目標置於個人興趣之前。

38

　　雖然戲劇對學校文化及學生的影響很難以具體的目標來陳述，可是對許多學校來說，這就是最大的貢獻。戲劇就像體育運動，都是一項群體及需要運用肢體的活動，都著重於培養學生的肢體、個人和社交發展，勝過為了就業或學術因素；他們都牽涉到群體，並透過演出和比賽來投射學校形象。在許多學校中，「參與」體育運動和藝術活動所帶來的個人好處比起其他學科更被重視。

　　如先前所說，一所學校的戲劇課程必須能夠結合在地及國家的重點。本書所提及的戲劇課程模式雖然綜合國家層次的各個指引，但是一個「活的課程」同時也要包含在地的特色和經驗。普

遍來說，教師需要在傳遞戲劇課程中，讓學生經驗到三個主要的文化學習範疇。這三個範疇分別是界限、私下的與公開的生活，以及公民權。

一、界限

不管是哪一種形式的戲劇，都會激發我們去探索、認清和擴張身體的、情感的和認知的界限；關於我與非我的界限；關於我有信心做的與沒有信心做的界限；關於我所知道與不知道的自己和他人。

學生通常面對的第一個界限是關於觀看（watching）與行動（doing）。許多來到戲劇課的學生都對這兩項活動的界限有強烈的感覺。對學生來說，站在其他同儕面前，以身體去參與戲劇活動，是需要跨過的一個重要社交界限。此外，學生也需要探索和認清自己的身體界限——了解自己準備去做什麼和不會做什麼。有些學生可能在作寫實的扮演時感到很自在，可是當他碰上舞蹈或是抽象的表演風格時會感到暴露、壓抑或是易受傷害。戲劇中的肢體練習會激發學生去擴展他們的身體，使他們能擁有表現更豐富、更公開的舉止。

戲劇能提供一個空間，讓學生去探索自我身分，透過創作、呈現人物與角色，探索什麼是人我之間的界限。創作角色是一個創造虛構身分的過程，這個身分將會包含與自己相同和不同的素質。當一名演員在飾演奧菲莉雅（Ophelia）[16] 時，我們在舞台上

---

[16]譯注：奧菲莉雅是莎士比亞名著《哈姆雷特》裡的悲劇女子。

看到的並不是演員自己，可是，這也並非不是演員自己本身。當
我們進入角色時，我們會投射一個他人的外在影像，但同時我們
也把部分的自己注入那個角色中。這能說明為何不同演員能以不
同方法扮演不同角色。當學生在創作及扮演角色時，他們會發現
自己有時會對所演的角色密切地感同身受，有時卻與演繹中的角
色態度與行為跟自己不相關連。這是較具體的「身分行動」（acts
of identity）。在戲劇中，學生能夠有機會透過對身分證明與非證
明的行動之反省，探索在當中顯現出來的不同身分。

　　另一個學生要跨過的重要界限，就是讓他們能感覺自在地在
公開場合經歷、表達情感。學校一般都不會支持這樣的行為。由
於學生們擔心在同儕面前顯現懦弱和易受傷害的一面，他們都很
害怕公開地表達自己感受。而課程亦都趨於不把情感的牽引和表
達放於課堂教學的優先位置中。可是，感受的能力與向他人表達
感受的能力，都是重要的社交與美學素質。

二、私下的與公開的生活

　　我們都生活在公開的和私下的兩個世界當中。公開的世界包
括我們的社交生活和公開行為；私下的世界包括與家人的親密生
活、個人獨處和內在語言（inner speech）。這兩者分別在戲劇當
中都十分重要，原因有二：

　　戲劇透過不同方式，向我們呈現人以何種行為來回應身處的
不同境況。這幫助我們明白社交生活是從文化中建構出來的。大
部分公開的場合，都有一套文化準則去告訴我們應該如何表現、

如何對待他人。這些準則提供一個非個人化的規則框架，並期待
每個人都能做到。法庭中與舞蹈室中的語言行為會截然不同；當
學生能夠了解成人世界中要求在不同場合裡要有的不同語言和行
動時，他們就越能夠準備好去適應（或挑戰）在公開生活中的角
色和責任。戲劇亦能為學生提供另一種在不同處境中經歷的可能。
如果他們能夠扮演一些跟自己地位、性別、年齡及文化不同的角
色，他們便可以經歷、運用不同的語言和行為表現。

　　第二，戲劇不只是呈現情境中的行為和社會關係，同時也會
評論、詮釋這些關係。例如：當呈現一名年輕女子在不情願下接
受婚姻安排時，焦點可以是反映一個專制的處境；也可以是在於
描繪一些特定的處境行為表現範疇，如地位、環境和文化差異。
為了探索社會行為和情境之間的關係，戲劇常會徘徊在公開和私
下之間的紊亂邊緣，箇中的困難是由於兩個世界的互相貫通而引
起。你可能會想到有關馬克白（Macbeth）、哈姆雷特和李爾王
（King Lear）所經歷有關私慾與公職之間的衝突。他們的衝突點
往往是一個很有趣的地方，讓學生探討關於私下及公開的生活。
就像我自己，身為教師的生活也經常與我私人的生活產生衝突，
每次的衝突狀況都足以作為幾個戲劇的素材。

　　學生強烈地注意到他們生活中私下和公開之間的分別。學校
是一處公開及能讓學生協商的地方。他們深知在同儕和老師的公
開監督下透露私事的危險。有些時候，這些危險會被學生放大，
大到要避免所有公開的行為，不要讓人把這些行為閱讀成私人的
記號，或引致對他的私下討論；恐懼回答問題或是害怕提供義務
的協助，都是為了避免被人說成是一個「呆子」或「老師的寵

物」。在教室中，教師能與學生制定契約和監督公開的世界，以
維護學生的隱私，他們會藉著提供規定、守則、應有的態度，來
管理學生的參與而使他們不受威脅。在學校中的某一處，他們可
能會感到脆弱，感覺到缺乏正規行為協定的保護。而戲劇能取得
學生的關注，關注於建立學校中一套行為規定，規定尊重隱私及
他人權利的公開行為。戲劇成為一個允許所有人在此安全協商的
場所。

40

三、公民權

　　主動參與戲劇的公開論壇，與公民主動維護及擴展民主關係
重大。就如參與式戲劇一樣，民主需要主動參與的公民，他們會
願意把大眾的利益置於個人的利益之前，他們會在有需要時挺身
而出，維護民主的美德（virtues），如平等、公義和自由。如戲
劇般，民主也需要在社會上、公開場合裡，如辯論、集會、示威、
委員會中進行演練。

　　學生在第三學習階段中扮演的角色通常也是公民角色。他們
在戲劇中會面對問題、兩難和利益衝突，這些境況需要他們的集
體行動，甚於依其個人喜好而行事。「什麼對自己最好」和「什
麼對社區最好」之間的取捨，往往都是在戲劇中探討的兩難處境。
戲劇會使學生面對這個挑戰。當我們要考慮到許多不同的想法和
人的時候，我們如何選擇最好的呢？假如我在扮演著不同性別、
年齡、能力和文化的角色，我會如何感受正在發生的事情呢？

　　在有些情況下，戲劇會在學校中直接促使民主的進程。例如：

　　戲劇可能會用來作為其中一個反校園暴力的策略，以此為學生提供一個公開的論壇去表現、辯論和示範一些學校中反民主的行為。學生在學校演出中所犧牲的時間及其個人對群體所負起的責任，就如同身為公民的個人所需要做出的犧牲一樣。

第二部分

戲劇教師的角色及其
所需之技巧與知識

在這一部分，我打算討論有關戲劇教師的角色、技巧與知識。 *41*
除了身為一位合格教師所應具備的技巧與知識之外，我也有興趣
探討成為戲劇專科教師所需的其他條件。所有的教師都應該掌握
授課學科的相關知識，並知道如何將其應用到教學上。他們須有
基本的教室管理經驗，了解如何設計適合學生的課程，也得清楚
如何評量、報告及記錄學生成績的方法。

　　假設所有想教戲劇的教師都有良好的實務基礎，其所需另外
培養的角色、技巧與知識就非只適用於戲劇教學的範疇。換言之，
其他藝術課程的教師也應該發展類似的能力，如同體育教師一樣，
他們也扮演著相似的雙重角色——教室中的老師和課外活動的導
師。

 # 教師的角色

一、管理者（manager）

　　戲劇教師需要有能力在教室中的「人際層面」和戲劇藝術中
的「美學層面」管理時間、空間及肢體。我們知道，時間、空間
及存在是戲劇中三個重要的元素，而學習及經歷戲劇的重點是要
了解、控制及運用這些元素，透過多元化的組合來創作戲劇。

　　可是，戲劇元素也會造成戲劇課中學生相處問題。大部分其
他學科的教學，教室的空間已被預先擺設好的課桌椅所限制，乖
乖坐好的指令讓學生無法在教室中任意活動，他們的行為也被課

本及被要求個人安靜學習的規則所約束。「坐下，不要講話，翻開書本第 33 頁，做完習題。誰也不需要站起來，自己做自己的，我不想聽到有人說話。」這些在教室中慣用的管理機制，讓教師可以應付個別的學生、掌控小組及迅速建立權威。在這種管控下，就算是最頑劣的學生，不論在班上、家裡或是課後留校時，都會為要完成課業而備感壓力。

42

相反地，戲劇教師通常都要在開放的空間中工作，短時間內面對一大群學生。空間、學生和教師就是課堂中的素材，戲劇是一個注重實務的學科，你很少能夠以傳統課本授課的形式來教授戲劇，你也不能強迫學生在不情願的情況下進行扮演和演出。這些特性使戲劇教師需要一些非傳統的教室管理技巧，而「契約」（contract）是一種可以應用的管理模式，我將會在稍後的部分加以敘述。

以下是一些協助教師在教戲劇時，有效地運用時間、空間及肢體行為來管理學生的原則：

元素	原則
空間	確保上戲劇課的地方乾淨清潔、準備妥善，除了必需的擺設和器材外，清除其他多餘的物品。學生能感受到空間所傳達的訊息，假如它是雜亂、骯髒、棄置的，學生也會有相對應的反應。
	預先想像場地可能會出現的問題。先以正式的座位安排開始，讓學生坐在事先排成一圈的椅子上（或圍坐於地上），若一開始上課進行的是分組活動，也可預先將座椅按小組排好，讓學生就坐。

（下頁續）

元素	原　　則
	給學生一個明確的工作範圍，由老師親自安排分組的位置，避免組距過於擁擠或遙遠。規定角落、階梯和危險地帶為禁區；嚴格要求學生必須在指定地方工作，以免妨礙其他小組。
時間／任務	讓各組知道明確的工作目標和預期成果。訂定並計算工作時限。
	預想可能會因喧譁、挑釁的行為和空間與擺設使用上的失控所產生的問題，在說明如何進行分組活動時，就要把哪些行為是被禁止的規定清楚：「我要你們……」、「我不要你們……」、「這不是給你打架或是在地上翻滾的機會……」、「我不希望見到任何一人跑到其他小組工作的地方……」。
	仔細思考如何把課程內容切割成不同單元。在哪裡停頓才顯得自然呢？如何設計課堂的開始、結束與作業，以加強每週之間課堂的連繫呢？在課堂開始時，請學生重述上一次課程的內容；在課堂結尾時，預告下一堂課將會如何發展。在每堂課之間，讓學生去思考相關問題，或是給予跟戲劇有關的作業（例如：角色書寫、製作地圖或面具）。
	提供不同的時間體驗，讓學生有時可以安靜、反思，慢慢地分析時間、空間與身體存在之間的關係；有時可以緊湊地工作，利用精力充沛的片段來快速推展戲劇。如此一來，兩者之間就能達到一個充滿樂趣且令人滿意的平衡。

（下頁續）

元素	原　　　則
43 行為	仔細考慮分組的大小，以及組中性別、能力、學生相熟度及權力分布的平衡。
	建立一套明顯的、可協商的、被所有人認同的規則或「應有態度」去管理、保護和尊重學生。
	利用不同的分組模式進行活動，如全班、自由組合的小組、教師分配的小組、二人一組。
	確保自己能知道每位學生的名字。如果你不能喊出學生的名字，那你的管理工作將無法順利進行。鎖定組中的學生領袖或關鍵人物，跟他們建立良好關係，提升他們對你的尊重和興趣。
	分組時，孤立一些會騷擾別人或帶負面想法的學生，可以把他們分散或集中在同一組。不容許一兩名學生影響其他人的工作。當你在安排會擾人學生的工作時，避免在全班面前跟他們對抗。將他們帶離小組，待他們願意遵守規則時才讓他們回去工作。
	千萬不可以強逼學生參與戲劇。在小組工作時，容許學生只提意見而不參與演出。學生通常都喜歡在沒有要求他們參演的情形下自願演出。

二、倡導者（animateur）

　　許多學校中，戲劇充其量只是一項可選擇參與的活動，它在課程中只占邊緣的位置。所以，戲劇教師也應該擔當為一名倡導

者，為戲劇在學校裡尋求發展的空間，嘗試把它從邊緣的位置拉向學校生活的中心。

　　戲劇教師要清晰地提出戲劇在學校課程中的獨特貢獻。這會牽涉到學校評估課程的優先順序，以及戲劇如何能為此作出直接貢獻。在第一部分裡，我們曾討論到戲劇在學校課程中的不同價值，如用於個人成長及社會教育或是英語課程中的一部分。戲劇教師常常要為了爭取更多額外的節數、每節適當的上課時間和合適的空間，而進行長久且艱難的談判過程。如果戲劇教師沒有積極地去爭取，這些條件是不可能會得到改善的。與其他「意氣相投的」科目，如英語科、視覺藝術科和音樂科合作，可以讓你更容易地獲得成功。

　　戲劇教師也有責任在課外提倡戲劇活動，如成立午休或放學後的戲劇團體。在那裡，學生可以透過排演戲劇，完全自願地享受追求有關專業戲劇培訓的機會。雖然教師要花上相當多的時間及精力去建立、經營和維持課外戲劇活動，但是，他們會因此得到一些明顯的回報。師生在活動過程中建立的忠誠和良好關係，將會轉移到課堂學習上，教師會發現在教室中多了許多友善的「朋友」。戲劇以課外活動形式呈現，通常會被認為是件好事，學生在當中的擔承和奉獻會被注意到，使得戲劇在學校裡變得公開及注目。這樣，戲劇作為充滿生氣的社團活動實務，你可以恢復它那反映、凝聚社群的傳統角色。

44

　　從學校裡的社群層面來看，戲劇教師也應該把工作擴展到一些與其他學校服務相關的社群中。製作演出，是一個把家長及家庭帶進戲劇生活的普遍方式。學校演出有著不可減退的社群元素，

它是由學生經手製成的作品，而這些製作人也可能同時是觀眾的兒女、鄰里或姊妹。所以，對於在學校裡的演出，往往都會獲得歡欣愉悅的、充滿讚賞的回應，而多於客觀的批評。學生藉此展現自己及所屬學校和社區的正面形象。一個好的演出，也會發掘到一些非戲劇科教師的潛能和強項，如設計、燈光、服裝或舞台管理等。演出也可以服務社區中一些特定的群體，如在地的小學及特殊學校、老人中心和一些文化場地（博物館或畫廊等）。

戲劇教師也要透過組織劇場觀賞活動、安排劇團到校演出，為學生提供更多具體的戲劇經驗。謹慎地選取戲劇觀賞活動，能幫助學生培養進劇場（theatre-going）的文化。唯有透過「親自進劇場」來教育人們有關劇場的慣例和實務，才可以使劇場變得更可親。不論是到校或校外的演出，教師都應該選取能多元地反映本國美學傳統的文化作品。除此之外，教師也應該在學生體驗主流及前衛派歐美傳統劇場之餘，也向他們介紹非洲及亞洲的演出作品，以拓展他們的視野。

三、促導者（facilitator）

根據牛津辭典，促導（facilitate）解釋為「使某事更容易、減去困難、更容易達成」。所有教師都應扮演促導者的角色：在正面的氣氛下，協助學生更容易地（或減低困難地）發揮他們的潛能。戲劇是一種需要製作人身體力行的群體藝術，然而學生在教室裡卻同時置身於群體中，教師需要有能力去促導這兩種群體層面（教室中的學生群體，與戲劇中共同工作的群體）的工作動力。

教師要能辨別戲劇教學上的主要矛盾。劇場的首要條件是可以「選擇」。然而，在學校裡——尤其是在第三學習階段——學生是被要求上戲劇課。他們別無選擇。

以下三個觀點能有助「促導」這個矛盾的消弭：

1. 在戲劇課程中，給學生生活經驗一個清楚及可見的優先次序；願意為這些生活經驗去放棄、修改原先的課程設計；
2. 在戲劇課堂上，建立及維持一個有規範的「公開世界」；
3. 在管理、容許學生選擇作品模式及內容時，抱持高度的寬容及技巧。

設計戲劇實務課時，要注意到讓學生在參與的過程中感到舒服及有信心。編排及執行課堂時，必須適時地調整目標，使學生的生活經驗能自然地融入其中。不管預訂了什麼目標，都要考慮到學生的禁忌、對身體的尷尬程度、害怕被責備的感覺、短暫的鬧情緒以及跟組員的關係。

戲劇教師必須準確地「閱讀」班上群體的情況，包括了解小組中個人的狀態，以及他們跟整個群體的關係。這並不是一種猜測每名學生的心理閱讀。這是一種對群體文化及學生在這文化中擔當角色的評估。戲劇教師的關注應放在學生「之間」的關係、他們的公開及社交人際行為。在學校的公共世界經驗裡，個別學生會利用他們所選取或被賦予的角色，在所屬群體文化下表達個人的需要。

這些個人需要包括：

■ 擁有歸屬感；
■ 能有所貢獻；

- 被別人認同；
- 不被透露名字；
- 得到地位；
- 得到權力；
- 獲得信賴；
- 獲得自由；
- 在特別的問題上得到認同。

　　他們用以表達這些需要的「角色行為」（特定在某群體及課堂情境中的行為）可能同時存在著正面及負面的表現形式。在下列表格中，我嘗試把學生可能在群體中扮演的角色分類，並試著描述不同角色中的正面及負面行為：

正面行為	在群體中扮演的角色	負面行為
能負責任地管理小組，把工作做好。能尊重小組中的成員。當他們有一個想法及提出目標時，其他人會跟隨。	領導者	利用在小組中的地位挑戰教師的權威。小組中的其他成員可能要被迫在小組領袖和教師兩者之間選擇跟隨誰的指示。把關者會防止其他人加入。他們可能會以身體或語言來支配討論及實務工作。

（下頁續）

正面行為	在群體中扮演的角色	負面行為
樂於適應他人、與人妥協。不會追逐個人權力。願意接納他人提出的方向，協助其他同學的想法好讓人明白。	跟隨者	甚少在討論和計畫中提出意見。等待他人加入和冒險。成為負面領導者之「傀儡」。養成不參與的習慣。失去了「體會」領袖滋味的能力。
暴露自己的狂妄。在工作中帶來新奇的、土氣的和健康的搞笑行為。以反諷和詼諧的模仿行為減輕、緩和情感上的壓力。使群體在戲劇中獲得愉悅的經驗。	搞笑份子	妨礙、破壞一些嚴肅和誠懇的回應。把真正的自己隱藏在嬉皮笑臉中。忽視其他同學的感受。使小組工作分心。以自己熟練、瑣碎的身體語言和話語，岔開教師的工作。
受人信任，可依賴這樣的人傳遞、扶持、報告、傳達訊息，他們願意晚一點離開而留下來幫忙工作。像是小組中的「舞台監督」。	樂於助人者	寧願幫助別人，更勝於執行製作行動。當小組在戲劇製作中，他們會做一些無關製作的工作，如清潔碗櫥、疊書本。把自己看成為「諂媚者」，在小組中，放低自己的姿態而跟別人妥協。

46

（下頁續）

正面行為	在群體中扮演的角色	負面行為
發動小組「執行工作」。協助推動同學離開座位,開始行動。維持班級中活躍及繁忙的步伐和節奏。享受參與和進展的過程。	行動者	希望在討論和計畫中找尋捷徑。太快在第一個點子出現時便開始行動。在工作準備好之前,就迫不及待地要把工作呈現。不願去觀看、評估他人的工作。
不能扮演正面角色。	負面觀眾	只置身於工作的外圍。沒有正面和主動的貢獻,但會利用身體語言和隱伏的評語、私語來妨礙老師和其他同學的工作。竭盡所能來阻止工作進行。可能在課堂外取笑一些願意在戲劇課中參與的同學。
敏感地察覺個別組員的需要並關切地照顧他人。監督戲劇和其他同學私人事務之間的情感苦惱、衝突的預兆。意識到什麼是公平和正義,為其挺身而出。	兄弟姊妹	對於別人的需要過於敏感和提供過分的保護。可能會傳話、誇大個人的問題。在不適當的時刻提出個人問題。以個人的動機影響著其他同學的角色及角色行為的選擇。

47

(下頁續)

正面行為	在群體中扮演的角色	負面行為
讓教師更能意識到小組動力和個人需要。拒絕與他人共事，堅持個別差異和個人觀點。	疏離者	恐懼在戲劇中對群體工作的需求。憂慮和害怕暴露自己。因著在戲劇課中的私人經驗，使他們對公共世界變得更壓抑、更懼怕。

　　不同的教師會用不同的方法把學生分類，以此來辨識班上群體中的角色。然而，學生並沒有帶著一個既定的角色進入教室。

　　這些群體角色會受在地文化及性別差異的影響。當然，如能認識不同人在群體文化中建立、維持的角色，會有助於教師：

■ 管理團體動力；

■ 分配工作；

■ 適切地提供支援及賦予挑戰；以及

■ 促導小組進行戲劇製作。

　　戲劇能反映、凝聚群體。在戲劇製作的過程中，可以反映出群體內的真實強項與缺點、權力及優勢的布局、回應的習慣、人際關係等。所以，教師在戲劇製作中的促導手法將會影響群體的表現，任何正面的效果都會轉移到其他社交情景。

　　為了要強調正面的群體角色行為，教師需要利用多種不同的促導者工作功能。在實務方面，大部分第三學習階段的戲劇工作，都要依靠一些職能來確保製作的水平。在社交方面，則有賴一些職能來維持團體的人際關係及協助他們有效地運作。我把這些任

務及管理職能概述如下：

48

促導者的工作功能

關於任務	
建議	提出任務、目標和行動建議，定義小組的問題及提出運作程序。
通知	提供相關的事實資料和指引，給予機會表達感受和意見。
蒐集	蒐集資訊、意見、感受、想法來協助討論和練習。
澄清	詮釋想法和建議，定義專門名詞和任務，分辨小組或個人的議題。
總結	把相關的想法結集，重申不同的建議，向小組提出決定或結論，以供他們考慮。
考證	請小組就所知的事實根據或文本來源，查考戲劇中之所作所言是否符合現實。
促進	促進小組行動、作出決定，鼓勵小組追求工作上的品質。

關於管理	
維持和諧	嘗試去調和不同的意見，減少衝突，帶領學生了解、尊重差異。
把關	確保溝通之門常開，促進參與，建議能容許開放地討論的程序。
尋求共識	評估組員對事情的贊成度及其基礎，判斷協議是否已獲得全組之共識，抑或只是由某些成員所壟斷的意見。

（下頁續）

不斷鼓勵	對於正面的行為，常持堅定、友善、溫暖和回應的態度。可以利用表情或肯定的語句來表示。
妥協	當意見或身分有衝突時，提供妥協方案；為了組中的凝聚力及成長，修改課堂內容。
觀察過程	觀察小組的運作過程，跟小組分享你的看法。
訂立標準	向小組提出工作標準，檢驗違反這些標準的行為。
建立信任	接納、支持組員持開放的態度，認同、鼓勵他們勇於冒險。
調停衝突	調解衝突，增加凝聚力；讓組員參與、維持、執行關於上課的協定。

四、演員／戲劇指導（actor/dramaturge）

49

　　戲劇課程的核心是製作及演出。有些演出是基於對現存戲劇文本（playtext）的理解（劇本／戲劇文學）；但亦有另一些演出，是由學生根據非戲劇來源的材料（non-dramatic source）如故事、詩篇、影像或抽象的主題創作出來的。兩類型演出中都同樣包含了兩種文本：「原始文本」（source text）及「演出文本」（performance text）。

　　演出文本（在表演中的說話和行動）只會在表演那一時刻才會存在，而原始文本則可以一直被保留。在劇場裡，當我們看到熟悉的戲劇文學有不同的演繹時，就會意識到演出文本的自主性。我們會很有興趣看到不同的導演和演員團體如何去處理一個人所熟悉的文本，為其注入嶄新的詮釋。

　　在現代西方劇場的傳統中，發展演出文本時會有兩種趨勢。第一種是製作人（導演、演員、設計師等）會注重把劇作家的創作想法如實地演繹出來，演出文本會直接地呈現劇作家給製作人的說明（劇本原文、舞台註釋及舞台指示）。在這種文學形式的劇場裡，觀眾會側重在評鑑演出文本是否「忠實」於原文。

　　第二種演出文本的創作趨勢，則只利用原始文本來啟發思考或作為設計演出的起始點，如原始文本作者在自己的作品中注入想法一樣，這種創作主要是為了呈現製作人本身的想法。原始文本將會被改編、刪減，甚至被顛覆。演出文本會從不同類型的材料中擷取片段構建而成。假如，第一種文學趨勢凸顯劇作家是演出的「作者」（author），那麼第二種創作趨勢則可以說是強調以製作人為其「著者」（auteur）。

　　Dramaturgy 這個字解釋為「由不同舞台行動編織成一個整合的演出文本」。該字源自希臘文 *drama-ergon*，意思即是「行動的作品」。一個演出是由不同的「行動」所組成，行動不單指說什麼和做什麼，還包括聲音、燈光和空間的變換。就算是物品，當它的位置被改變時，也可以成為演出行動的一部分。當然，所有「行動」不會同時出現，它們是經過時間及空間的編排，在演出中漸漸地呈現出來。所以，dramaturgy 是指在特定演出時刻中行動的編排，以及大範圍的指不同時刻之間的關係，把它們組合成完整的演出。我們會感受到演出的每個時刻，但同時也會經歷一個從不同場次朝向「整合」演出的發展結構（由所有行動的整全和漸進效果形成的戲劇陳述或經驗）。

　　這種戲劇演出，著重表演而多於文學探究，把舞台行動編合

成演出，其意圖是為觀眾製造當下的及過去經歷過的生活經驗。
第三學習階段的戲劇教師，在戲劇指導方面要負起兩項責任：一、
引起和發展戲劇的「編排組織」（weave）；二、吸引學生注意這
個「編排過程」，從而開始透過分享老師的知識，嘗試去決定自
己作品的「編排組織」。

50

　　這個戲劇教師與學生一起創造出來的編排組織，依賴那些從
傳統劇場及電影電視演出中的慣例裡所獲得的多元戲劇手法「知
識」；它也依賴交織各種不同的慣用手法來為學生創造美學和教
育經驗的組織技巧。身為戲劇指導的教師，要有責任地運用這些
知識與組織技巧。教師應當要在以下三項負起責任：

(一)發展及加強學生構想及回應藝術的潛質

　　當戲劇與其他學科一樣，以討論、協商、策劃和研究作為它
的重要活動時，戲劇教師的首要任務，是要促使學生運用劇場製
作的符碼，成為戲劇課的主要活動。意思是要協助學生把想法及
建議，或是學科目標，轉化成戲劇的想法及程序。例如：如何把
對人類行為的討論轉化成戲劇中的想像經驗（角色、處境、姿勢、
符號、對比等），或為學生選取一些切合他們需要和興趣的戲劇
文學作品。

　　在主流劇場中，演員是重要的意符（signifier）。舞台上就算
用了道具、服裝、燈光和空間，觀眾的注意力都會集中在演員身
上，戲劇的意圖及可能性都主要經由他們而產生、傳達。第三學
習階段的學生，似乎不像專業演員一般擁有受過訓練的身體，或
有著感染人的表達能力。因此，教師需要利用道具、燈光、聲音

和其他非肢體的物品，來加強和豐富學生的演員工作。教師可能要親身示範扮演一些人物的身分及語域：

■ 示範在不同戲劇情境下角色的反應；

■ 引起對角色的回應，或是為其他演員提供跟進的提示；

■ 變換教室中的真實世界，使之成為虛擬的世界或情境（透過身體動作及心理的轉化來演繹角色）。

　　以「教師入戲」作為戲劇手法，是戲劇教育對世界戲劇最重要的貢獻之一。

(二)有關時間、空間及人數的限制管理

　　除了製作以外，戲劇課還需要考慮到一些準備事宜（授課時間、教室空間大小限制，及讓多數學生參與的要求）。

　　這些考慮，使學校戲劇有別於其他類別的戲劇。短暫的授課時間意味著教師需要使用一些特別的慣用手法（例如：定格形像、即興練習、坐針氈等）。如此一來，不需要長時間的準備及排練，也可以使學生快速地進入狀態。教師可以在一節課內利用這些慣用手法為學生提供多種類的活動。

　　空間是其中一個戲劇元素，可是，絕大多數的戲劇課都只可以在一個普通大小的教室或狹小的空間內進行。這些空間大都不足以讓所有學生進行肢體活動或有創意的空間布置。在這種情況下，教師唯有集中使用時間、角色和想像，或是從心理上建構出來的空間「圖像」來創作戲劇。

　　主流劇場作品很少牽涉到三十位或以上的演員數目。戲劇教師的工作則需要想辦法讓所有學生都能參與其中。他們可能需要

使用不同人數小組的組合，輪流或雙重扮演主要角色，同時負責排練不同的片段或範疇。有六或七個小組的好處是可以產生一系列對戲劇主題不同的回應（不同的定格形像、角色、處境等）。這些小組不同的呈現將有助於戲劇課演出的編排。

(三)平衡課程與在地需要和學生的生活經驗的關係

在教室中與學生一起工作，有別於與一群專業演員工作。導演會期望專業演員自行去處理戲劇素材而作出情感回應。他可以要求演員嘗試不同的建議，及在彩排和演出中接受批評，但仍然能與演員們保持專業的工作關係。可是，跟學生一起工作卻不然。

在戲劇課中，學生通常需要別人來吸引及說服他們參與活動，而教師也需要小心地選取給予學生個人挑戰的程度。學生對戲劇中材料的真實情感回應往往成為工作的焦點。學生主觀的感受，成為他們在情感上對材料的理解，以及材料所引發出的人類經驗的基礎。教師必須知道如何透過不同的演出風格，使這些主觀理解達致客觀的人物分析。

戲劇是探索及呈現人類經驗的有力媒介。教師必須謹慎地運用它，讓學生感到經驗被開拓而非被強烈的情感所威嚇。教師必須要尊重學生對於在同儕面前以身體表達自我的恐懼及不安；此外教師還需要了解，有問題的團隊關係會使得戲劇課難以進行。

教師需要具備的技巧

一、提問

戲劇是一個提問媒介。它會擾亂、延伸或改變我們所知道的
自己和將會變成的自己。戲劇傾向把焦點集中在一些時刻，強而

52 有力地反映人類行為和反應的矛盾性及模糊性，這些時刻啟發我
們去對自己及所生活的世界發出疑問。

為了回應這些問題，學生所運用的邏輯是基於自己的文化及
敘事經驗。換句話說，當學生回應戲劇中的疑問時，他們會利用
對相似敘事情景的知識、對結果的期望，以及透過對本身文化的
認識，去理解人們在特定境況中的不同行動與反應。教師的責任，
是協助學生去啟動及在戲劇中應用這些邏輯系統。教師透過提問，
幫助學生去造就意義及製造連繫。教師的問題也要反映學生回應
的差異與清晰程度。戲劇作為一門群體藝術，意義不是由個人擁
有及形成的，而是透過集體辯論與教師對答所構成的。

戲劇中對人類處境的疑問，交織在製作、演出及回應的模式
中。

在創作戲劇時，學生會在工作中發現、探索出一些方法與意
義，來成為戲劇呈現的內容。正如主流劇場的彩排過程，他們會
使用戲劇的慣用手法來對角色、處境及行動之間的關係進行詳盡
的研究。這類以探索為本的劇場工作稱為「戲劇實驗室」（lab-

oratory theatre），即是透過戲劇手法去研究、試驗及發展對人類本質及文化了解的劇場。青年演員在創作角色時，他可能會問到：如何使得要扮演的角色有異於演員本身的性格？我如何跟這個「他者」（otherness）溝通呢？如何使這個「他」在戲劇處境中如實地反映符合其心理、文化及歷史的狀態？在這個創作角色的過程中，他們也會想到關於自己的身分：當我面對相同情形時，我會如何呢？

　　在演出戲劇時，學生會透過角色設計及行動，去表達他們對角色的理解及發現。這些角色及行為的例子會引起不同的「Ｗ」問題（見下表），讓觀眾在戲劇裡尋找答案。在西方的劇場傳統中，我們會依據演員對角色的「重要性」推導出的外在姿勢和具體回應，來演繹角色的內心世界。演員創作出來的姿勢及回應的模式，通常會不一致、互相矛盾或出人意表，而使觀眾留下疑問：為何這些人要這樣做？他們如何被文化環境塑造出來？演員會「假設」自己是另一個人生活在另一個時間及地方，這樣做的目的是要引起觀眾主動地發出「若是……又怎麼樣？」（what-if）的疑問。

W? 問題		
	What	正在發生什麼事？
	Who	誰牽涉在內？
	Where	在何地發生？
	When	在何時發生？
	What	發生了什麼事情，造成此刻發生之事？
	What	接下來會發生什麼事？

在回應戲劇時，學生需要透過發問去理解舞台上所呈現的人類困境。當我們觀賞演出時，會根據劇中的呈現來尋求解答疑問的線索及提示。

教師藉著提問來發現學生對製作戲劇的領會。如果缺乏提問，教師會難以掌握學生的想法及回應，難以掌握學生如何把戲劇連接到自身的經驗，以及學生打算試驗的想法。教師必須要真誠地從學生的觀點去察看他們的戲劇經驗，從他們對世界的看法去理解他們。就像製作人推測戲劇中含意能否有效地與觀眾溝通一樣。

在戲劇課中採用不同類型的問題能達到以下不同的功能：

1. **澄清**：檢查學生的反應；確認學生能否跟上進度；檢查指示是否清晰；
2. **表明**：學生使用的姿勢及行動連繫著他們想表達的「意思」；與學生一起檢核教師對他們作品的看法；
3. **探查**：讓學生把注意力集中在他們的行動／想法的結果或應用；測試投入感或理解程度；推動學生更深層次的投入；
4. **挑戰**：檢查偏見或特別的文化態度、想法；對團體中的人際互動提出疑問；鼓勵學生超越表面的經驗；
5. **檢驗現實**：要學生針對自己對現實及邏輯的了解，檢驗自己的想法及作品。

不同的提問方式會引發學生作出不同的回應。最明顯的分野是：開放式問題（沒有預設的回應）和封閉式問題（包含對回應的假設）。用不同字眼來問問題所引發的回應會有所不同。我把不同種類的問題及其可能得到的回應分類如下：

什麼？	讓學生去分類或舉列：你需要什麼？××恐懼什麼？當他找到女兒時，她會說些什麼？
何時／何地／哪	讓學生提供特別資訊：這是何時發生的？她坐在哪裡？這兩張椅中，哪一張能成為最好的寶座？
怎樣？	讓學生反思經過和感受：在這個家庭中，協議是怎樣產生的？她對他的所作所為有何感受？我們可以怎樣呈現這個想法？
能否／會否？	測試可能性：當她聽到後，她是否仍會回來？你是否會……？你能否想像到這會變得很不一樣？
應否？	讓學生作道德判斷：他是否應該這樣跟他母親說話？我們是否應該向其他人提出這樣的要求？我們是否應該嘗試聆聽對方的話語？
為何？	讓學生進行詮釋：她為何沒有回答這個問題？為何國王對他的女兒發怒？你為何覺得很難去詮釋這個角色呢？

二、訂立契約

　　先前提到：戲劇課不能如其他學科一般，以要求寫作及完成課本作業的方式來上課。戲劇課需要協議。協議需要具體化，需要對基本準則、操行表現、行為指標有可商議的框架。這個框架猶如遊戲中的規則。「玩遊戲的人」知道「遊戲」規則會為他們提供一個安全及公平的參與環境。一旦知道別人的要求和教師的

期望，學生會因此而有信心、安全感並覺得受到保護。當學生知道自己或他人「作弊」時會有什麼後果時，會消除因犯錯而產生的恐懼。在戲劇課中，也會像其他科一樣，為了保持良好的學習氣氛，會利用一些大家同意的獎懲制度。可是，更重要的是，它同時代表著如何維持有素質的學習及人際關係的持續對話。

「對話」意指學生也需要為契約作出貢獻。他們有機會去參與制訂契約來保護自己，並藉此建立一種戲劇課文化——一種能使他們在製作戲劇過程中有安全感的戲劇課文化。學生也可能會關注事件發生後的處理方法，那些事情可能是：

■ 別人取笑我？
■ 沒有人想與我一起工作？
■ 我暴露一些可能被人用來攻擊我的事情？
■ 沒有人聽取我的想法？
■ 我的身體感覺不自在？
■ 我今天就是不喜歡參與？
■ 組員都忽略我、無故中斷我的工作？
■ 戲劇觸碰到我的敏感地帶？
■ 戲劇擾亂我的文化信仰？
■ 我不同意我們正在做的事？

學生之所以會有以上的感受，很大程度上是基於創作、演出及回應過程中的特性。戲劇教師應該留意這些事件發生的可能性與處理方法，並與學生討論，以達致整體的共識。

(一)戲劇需要信任，但要得到信任必須經過冒險

契約的制定是由於意識到戲劇課中教師與學生可能面對的風險，預先定義及禁止會破壞教師與學生、學生與學生間信任的行為，會減低雙方的冒險程度。

(二)戲劇需要公開呈現私下的自我或感受

演員需要表達多種的情感，可是在同儕及學校文化中，強烈的情緒往往被壓抑及責備。契約准許、保護表達感受，認同學生在角色中表達的情緒不代表其本身的真實性格。也就是說，一個必須在角色中哭泣的演員，並不代表他本人就是一個「愛哭鬼」。

(三)戲劇讓演員運用身體把意義形體化，這使得注意力會放在演員的身體上

演員維妙維肖地運用身體來扮演，是戲劇中的重要意符。契約確保你無須有著如角色般相同的外型、年齡、文化背景、性別才可以去演那個角色，每個人都有權利去演。契約也不容許對別人身體的批評，但可以容許大家一起討論對運用身體的接受程度。

(四)戲劇是群體藝術，個人應把團體的共同「利益」和目標放在自己的興趣之先

戲劇是屬於我們生活中的公共領域。就如其他公共實務一樣，我們要觀察不同的慣用手法，然後，把集體的需要和目標置於個人利益之前。契約強調我們的工作是要為所有人著想，而非為了

符合個人的動機及重點。

(五)戲劇把演員和觀眾之間，公開的和私下的自己連繫起來

在戲劇裡，我們會看到自己。它的呈現會觸碰到我們最私密的生活，或對自己所演繹的角色（如欺凌者、受害人、騙徒）引起批評。契約確保所有在戲劇裡的活動都受到掩藏，無須藉它來暴露或探查學生的私人世界。

在戲劇課裡，教師訂下的契約能提供不同的教學目的：

56

1. **界定框架**：訂定教師／學生行為的界限，包括空間的運用、音量、工作表現程度、澄清目標、禮貌態度、獎懲制度。

2. **預測問題**：預見可能出現的問題，也就是說可能在工作中發生的問題，如特定事故的管理、空間、個人和人際間的問題。

3. **調停糾紛**：使用契約，管理毀約行為時，可以參照有關雙方之前達成的或是要求服從的協議（契約成為了客觀的管理者）。

4. **負起團體責任**：合力維持契約的執行。師生一起公開地討論毀約行為和問題，共同負責處理困難。

如果教師希望利用制訂契約作為教室管理的方法，就必須要注意下列兩項重點：

1. **盡早開始！**當學生進入第三學習階段就學時，宜應盡快跟他們訂立契約。畢竟11歲學生的行為問題不會像14、15歲的學生問題那樣難處理。能在開始的時候堅定地建立契約，將可預防學生在其學校生涯中出現問題。

2. **永不放棄**！建立一個個人能管理自己行為及主動協商學習氣氛
　的學習型團體時，往往需要時間。把團體變得有模有樣，是一
　個悠長和艱難的過程；可是，你仍必須要對契約的長遠意義具
　有視野。否則，要教師何用！

三、建構課程

　　雖然，戲劇教師在教授一些課題，如戲劇史、舞台技術或科
技時，課堂設計及上課模式會跟其他科目的教師差不多。可是，
在先前論述有關「教師作為戲劇指導角色」時曾提及，戲劇課程
的核心是要讓學生製作及經驗戲劇。

　　學生製作、經驗戲劇的素質，首先是依靠教師組織課堂的技
巧。教師在第三學習階段授課時，同時也向學生示範如何組織及
選材，期望學生從中學習，讓他們在組織自己的戲劇時變得更有
信心、知識及責任感。

　　在傳統的戲劇課中，主要透過活動來讓學生理解、內化及應
用列於教學目標的指定技巧、概念或知識。表面上，一個預設的
戲劇經驗跟傳統教案差不多。教師會定出每節的教學目的及目標，
排列組合不同類型的活動來讓學生參與。可是，在滿足課程目標
之餘，排列的活動也必須要為學生提供一個當下的戲劇經驗——
一個類似把自己置身在戲中、或觀看以不同模式呈現戲劇片段的
經驗。課堂活動的排序要像其他戲劇流程設計一般，精巧及熟練
地呈現意義及主題；透過時間及空間，漸漸地帶領著觀眾對劇中
所探討的人類議題朝向新的理解。

57

　　因此，這種課堂戲劇的組織可以稱為「蒙太奇式結構」
（montage）——把形式及內容組合起來構築成戲劇裡的意義。這
個蒙太奇式結構或這些並置在戲劇中的「分段」，帶領學生去經
歷戲劇中事件與經驗。蒙太奇式結構並不是以線性形式來敘述事
件。在劇場裡，故事中事件的呈現只屬於其中一個面向。劇場是
一個關於空間及時間的藝術。在這裡，物品、設計、燈光、聲音
和演員位置及姿勢都在協助觀眾理解當下發生的事情。蒙太奇式
結構包含了一般戲劇課的實用性，它貫串起整堂課的所有行動，
如所有戲劇一樣，將不同部分拼湊起來營造一些特別效果。

　　在一些課堂裡（尤其在第三學習階段的早期），活動主要依
照故事的三個階段（開始、中間、結尾）來排序，學生會刻意地
跟從故事的傳統邏輯，集中於分析故事裡人物、處境及事情的因
果關係。但在另外一些課堂裡，故事內容可能早已被得知，又或
者用於課堂的線索材料以非故事形式出現。在這種情況下，蒙太
奇式結構的組織就變得很明顯。多類型的活動及任務組合起來，
把學生的注意力集中在所要探索的主題或想法上，透過創作過程
不斷地將之發展及深化，而不需要受到故事邏輯的驅使。一個代
表了故事裡某一時刻的定格形像，學生可以呈現當中角色的「思
緒」，或是重整別人的定格形像來表達不同的觀點。這些活動是
設計來發展對人類議題的理解，而無需把故事向前推進。戲劇中
的行動來自故事裡的一刻，行動的探索不斷擴展，課堂時間也不
斷地過去，但故事中的時間卻仍然凝結在某一刻。

　　蒙太奇式結構是由一系列的「戲劇單元」（scenic units）組
織而成。這些單元相當於劇作家把一齣戲劇分成不同的場次；或

是相當於導演排戲時根據演員表演的發展，以及戲中情感節奏的分段。而劇場工作者用來設計蒙太奇式結構的不同方法、不同劇場類型（喜劇、悲劇）的關係，以及不同的蒙太奇式結構的取向，將於第四學習階段及其後續階段才會教授。

　　雖然蒙太奇式結構由戲劇單元所組成，以構成整個戲劇的一部分，可是它也必須要有其本身的意義。換句話說，每個單元在服務整個演出邏輯的同時，也必須要給予表演者及觀眾其獨立的邏輯。「片段」（episode）是一個使學生易於明白的概念。學生從看電視劇的經驗中，會知道電視連續劇中的每一集（episode）都會有其獨立的邏輯，也明白到如果要對戲中角色及製作人想表達的「意思」有深入了解的話，就必須要觀看更多集數來得知。片段擁有自己的型態及邏輯，也同時能協助故事的推進，觀眾要等到看過所有的片段後才可以完整地理解整個作品。

　　每個戲劇單元或蒙太奇式結構的片段為演員及觀眾提供了立體的經驗，這個經驗不是被單一行動（如改變一個空間或一句台詞）製造出來的，而是同時間由不同的行動互相交織的意義所形成的。

　　在戲劇教育裡，戲劇單元的劃分，相當於由練習、任務或即興劇所組成的課堂形式。本書第三部分所提供的教案，將會根據此方式組織而成。一個完整的教案代表整個蒙太奇式結構裡的一系列指示，它分成擁有獨立意義的單元，至少我認為，由一個單元進入到另一個單元時，學生會循序漸進地理解戲劇裡顯現的主題及想法。

58

每一個片段是由多種行動所組成的戲劇單元。
這些行動包括：

時間：有意義地運用時間　　　　**空間**：有意義地運用空間

姿勢：有意義地運用身體　　　　**言辭**：有意義地運用語言

場景：有意義地運用聲音、　　　**感知**：演員與觀眾之間對
燈光和物品　　　　　　　　　　　　觀點和回應的有意義關係

　　在大部分的戲劇裡，每個戲劇單元都在呈現「戲劇式的現在」
（dramatic present）。戲劇式的現在即是戲劇裡對於時間的特性。
當事情不斷的顯露，我們卻在製造或目睹事件「此時此刻」（here-
and-now）的呈現，它們並非在報告一件已過去了的事情。但是，
要達到效果，「此時此刻」的戲劇經驗必須要與已發生的事情或
於較早前從演出裡得知的內容連接起來。戲劇的「此時此刻」影
響著它的未來，它引起觀眾對「正在目睹的事情如何去創造未來」
的探問。這個未來（或命運）透過舞台上正在發生的事連接過去，
它把戲劇式的現在由現實生活中「此時此刻」區別出來。戲劇裡
的現在經常遊走於可觸碰的過去與未來。

　　在戲劇裡經過的每個時刻，連繫著過去與未來，擴展、加深

59

了觀眾對戲劇主題的理解。每個時刻都應該把已發生了的事建構起來，形成了我們對將會發生事情的期望。

　　在下圖中，方格代表片段、戲劇單元或其他在戲劇裡的分段。連接著方格的線條是在整個戲劇中帶領著我們的故事線或主題線。箭頭顯示觀眾在戲劇推進時對於主題理解的伸延及擴展的方式。每場戲都是為下一段戲而鋪陳，都包含對先前反映過或意味著的事情的伸延、確認或混淆。

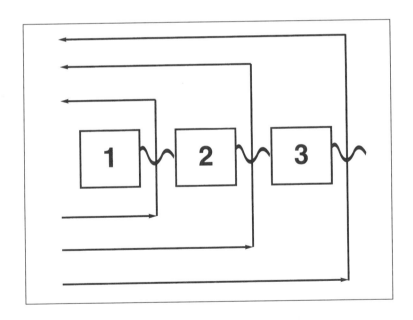

　　在製造蒙太奇式結構時還有一個關於美學的考慮。在戲劇單元之間，可以創作不同種類的節奏。**戲劇節奏**（rhythm）受情感（「高潮與低潮」的平衡）、關係及事件之間的張力所牽引。學

60 　校戲劇的節奏，如某一些戲劇形式一樣，需要取得「成效」（戲劇的目的是要為參加者帶來一些理解上及態度上的轉變，或為參加者製造持續的效果）與「娛樂」（提供愉悅和樂趣是優先的重點）之間的平衡。

　　對於專業劇場演出與第三學習階段戲劇課程來說，戲劇元素的運用（時間、空間、人物、物品、聲音和燈光）、「蒙太奇式結構」和戲劇「單元」組織的概念，以及「戲劇式的現在」的原則，都是它們的共同點。除此之外，戲劇教師在組織戲劇課程時卻有一些其他的關注，使它出現的形式與非學校劇場變得「不一樣」。這些考慮如下：

㈠積極地面對時間、空間和人數的限制

　　雖然戲劇是一種富彈性的藝術模式，可是在獨特的學校環境之下，戲劇教師卻需要面對著不同的限制。課時方面，由固定每週每節四十五分鐘至一小時或以上的長度，以至不定期的上課時間及更少節數。這樣的結果對維持漸進的戲劇經驗造成困難。相較於其他非學校戲劇，學校戲劇迫使學生快速及大略地完成工作。教師也要面對不同的教學環境，從具備特別裝置的排練室，甚至是走廊，都可能是授課的地點。人數方面，戲劇教師需要面對的不只是幾個精英的學生，而是大批不同能力程度的學生，教師必須為所有學生提供有意義和多元的戲劇製作經驗。

㈡平衡預設與體驗的課程設計

　　我們先前已提到，課程內的戲劇與其他形式的戲劇不同，它

並不是學生的「選擇」。所以，學生的投入必得經過協商的過程。在組織課程中的戲劇時，必須要考慮到學生過去的生活經驗，如他們的禁忌、不同的能力及同儕關係等。戲劇課程的要求關乎學校課程的安排及整體風氣文化，它們同時也為組織課程帶來了限制。戲劇教師並非完全隨心所欲。他有責任確保課程能有效地、有秩序地進行，並能支持學校的風氣文化。而這種風氣文化通常都強調戲劇課的效能（產出的結果）多於提供娛樂（跟在劇場中獲得純粹的愉悅有同樣的重要性）。

(三)於兩種美學傳統之間工作

我們論述過有關建構課程的原則與概念，乃來自文學劇場藝術的規範。它們提到傳統的、「嚴肅的」劇場工作方法。但是，我們知道大部分學生的美學經驗及知識卻來自口述的和共同參與的美學媒介，如電影、電視及其他大眾娛樂模式。所以在組織戲劇時，不應該否定學生自己本身的文化知識及實務，而應尋求可以連接兩種美學傳統的橋樑。

以下的原則，針對在地戲劇課程在創作、演出及回應上的情境，協助你為上述提到的考慮作好準備。

(一)透過體驗來學習組織

61

讓學生理解蒙太奇式結構的設計；跟他們一起討論所選擇的決定；鼓勵學生應用、反思所有戲劇元素，使作品變成更立體。

(二)從共同創作締造共同擁有感

鼓勵學生就戲劇情節的發展及戲劇中的構成發表意見；重視學生對戲劇中的主題與想法提出的疑問；使用你的知識與技巧（聲音、燈光、編舞及指導）去協助學生提升作品素質，最終希望能把這些知識與技巧傳授給學生。

(三)介紹及使用多元化的慣用手法及傳統

介紹、混合使用來自不同文化或電影／電視中的慣用手法。避免把慣用手法分層級，例如不可以存有覺得西方劇場的慣用手法「理所當然地」優越於其他傳統的想法。

(四)禁止不被接受的形象

學校中的藝術呈現和訊息，需要為整個學校所接受。學生藝人（pupil-artists）也不能免受審查。教師不可以接納一些關於被禁止、混淆不清及帶有偏見的影像及角色演繹。

(五)使用片段式的架構

這需要像電視連續劇系列般開放；每一集都有獨立的內容。不要局限於必須把整個故事完結，或必須完成每階段所有設計的內容。片段式的架構是很有彈性的，你可以根據團體的需要及興趣來延長或縮短每個片段的內容。片段式的架構是一個為人熟悉的方法，就像觀看電視連續劇、肥皂劇一樣，它利用一個片段接另一個片段來將時間連接。

㈥利用小組工作來涵蓋更多觀點

在任何可能的時候，都要給予各個小組不同的任務或場景工作，以涵蓋更多的觀點；強調小組任務的差異讓觀賞變得更有趣。鼓勵學生在團隊工作中擴展場景中的「潛在意義」，而不要只是複製同一個想法。

㈦強調共有的而非個人的工作模式，並相應地設計課程

注意力應集中在團體使用的方法和表達的意思，而不是針對性地批評個人的貢獻及技巧水準。課程設計應著重組織群戲工作，而非只分配給幾個主要的演員，嘗試利用多組的演員而非個別演員參與演出。將小組的呈現結合成一個整體演出，使全組一起就整體的經驗來進行反思。

學校裡的戲劇教學通常是依照著傳統的結構模式（類型）。*62*
例如：我在接受師資培訓的時候，當時學習的授課類型是：先做遊戲／破冰活動，然後進行即興練習或做片段演出，接下來是解說學習當天內容和放鬆練習。不管課堂的內容和目標是什麼，我們都要嘗試把要教授的東西符合這個模式。現在，我們有了更多元的實務類型，多元意指教師及學生擁有更多選擇。在下列的表格中，我嘗試列出常見的戲劇類型，及為每一個類型提供一些組織上的建議。我並沒有把這些類型分層級，是為了避免讓人覺得有些類型會比另一些更有價值。我深信所有類型的教學模式都能有效地傳遞第三學習階段戲劇課程的實務要素。另外，我還加上

了「戲劇習式手法」（conventions approach）[1]，因為這個手法使我的工作很有成效，而我也相信它很適合第三學習階段的課程使用。

小組戲劇創作	學生根據題目或主題準備演出，向其他組呈現。 *1.*把製作每場戲的過程分成不同階段（例如：開始、中間和結尾），為每個階段給予指示和回應。 *2.*在小組接受回應後，給予他們重新修改排演的機會。 *3.*集中協助小組了解正在討論著什麼（what），如何（how）把溝通變得更有效。 *4.*鼓勵學生運用非寫實的手法去演繹作品。例如：舞蹈、面具和講故事手法。
彩排	學生探討劇本節錄或全文，以對劇作家之作品有全面的理解，或將它演繹出來。透過彩排，期望學生能探索作品中的含意，嘗試把這些想法編成戲劇模式。 *1.*鼓勵在彩排中運用創意的手法，如即興練習、雕塑、「定格形像」或「坐針氈」，對角色、場景布置和語言進行探究。

（下頁續）

---

[1] 譯注：Conventions approach 是九〇年代開始英國教育戲劇的新興模式，試圖透過把各種戲劇慣用手法應用於教育戲劇當中，讓學生學習戲劇藝術的同時，也透過戲劇來擴展他們的其他知識。重新建立教育戲劇與劇場傳統的關係，消弭了這四十年以來英國教育戲劇界對「教育戲劇與專業劇場」、「戲劇作為教學法與戲劇作為藝術學科」的對立關係。

2. 勿丟下學生，他們需要方向，以及你的知識。學生會依靠你來確定他們的作品完成後不會令他們尷尬。

3. 對角色分配需要有彈性，可以利用多人或二人飾演一角，也可以安排不同演員在不同場次中飾演同一角色。

4. 鼓勵學生全面地運用不同的戲劇元素，如燈光、空間、物品，去評論或增進文本中的話語部分。

發展技巧	一些特別的技巧，如肢體動作、發聲、舞蹈、面具或即興練習需要分別地教授學生，讓他們能夠透過練習來增進專業。練習可以包括跟隨教師／教練的指示、個別或團體練習，以及在遊戲或活動中應用學過的技巧。

63

1. 建立學習這些技巧與戲劇工作的相關性；學生可以如何使用它，培訓如何能幫助學生創作一個具素質的戲劇作品。

2. 要使學生對技巧為本的練習感到自在（例如：學習戴著面具來走路，好讓面具能面向觀眾），必須讓他們對技巧的內容及背景有所認識。戲劇是一門實在的藝術，它需要演出者對真實生活中的動機和目的有所了解。

3. 發展學生的強項，將注意力集中在技巧的敏捷度、速度、熟練程度和想像力的回應。避免使他們因身體尷尬而產生恐懼。

4. 使用大眾文化模式作為發展技巧的手段，如饒舌音樂、雜耍、雜技、舞蹈、球類活動等。

（下頁續）

活在戲劇中　　學生與教師一同入戲，使自己處於一個想像的處境裡，透過創造和扮演角色，假想自己活在那個處境當中，把想像中的經驗透過行動展現出來。他們如何演繹和反應的決定，是基於處境中特定的「文化」及指定境況；以及符合敘事的特色，如幻想的元素或用來強化處境中的「戲劇」潛質。

這是一個行動為本的藝術類型。除非參與者採取行動，否則在戲劇中不會有任何事情發生。學生會很有意識地把自己的經歷在行動中呈現出來。

這種劇場藝術類型的發展令人聯想到希斯考特（Dorothy Heathcote）與勃頓（Gavin Bolton）的工作；但是「教師入戲」也可以連繫到在波瓦（Ausgusto Boal）的「論壇劇場」（forum theatre）[2] 裡的「丑角」（joker）；以及傳統由成人介入的兒童扮演遊戲。這種藝術類型是常用於第一及第二學習階段中的戲劇模式。

1. 利用「W」問題，建構想像處境中的內容。
2. 使用「教師入戲」的手法來作導入、示範、引導和控制學生的行為；融入學生的回應；建立氣氛；在故事中表現得宛如一個說書人。
3. 鼓勵學生創造和嘗試扮演一些跟他們日常生活的角色和行為不同的人物，並以此作回應。

（下頁續）

---

2 譯注：可參照本書「從 A 到 Z 的戲劇慣用手法及技巧」部分，了解此手法之內容。

4.將工作分成不同部分，包括反思、練習活動及其他
　在蒙太奇結構中的慣用手法，使從想像經驗中獲得
　的創作素材和行為分析都不會被遺忘。

64

戲劇習式手法　「戲劇實驗室」手法是選取一些人類行為或經驗，獨
立地作近距離的探索。這些行為或經驗可能是來自劇
本、文學作品或任何一些關於評述人類天性／文化的
文本。蒙太奇是由不同的片段組成，學生會利用多種
不同的技巧和戲劇慣用手法去闡明內容。由創作事件
的定格形像作引子，再以坐針氈來訪問角色，或是為
定格形像提供內心獨白。這些技巧來自戲劇課程的慣
用手法如教師入戲，及來自後自然主義劇場（post-
naturalist theatres）如心底話（alter-egos）[3]、布萊希
特的手法（Brechtian devices）和論壇劇場。

1.拼湊必須要有美學邏輯，不可以簡單地堆砌使用不
　同的技巧；將不同的活動和技巧組合起來，目的是
　要發展成一個完整和令人滿足的戲劇經驗。
2.結合運用不同的慣用手法或重複使用較早時呈現的
　材料，使作品變得更有層次。例如：我們可能為定
　格形像輔以聲效配襯（soundtrack）[4]的手法，把回
　憶訴説出來；或使角色重複聆聽較早前説過的一些
　對白。

（下頁續）

3　譯注：可參照本書「從 A 到 Z 的戲劇慣用手法及技巧」部分，了解此手
　法之內容。
4　譯注：可參照本書「從 A 到 Z 的戲劇慣用手法及技巧」部分，了解此手
　法之內容。

3.切勿太快轉換使用不同的慣用手法。新手法的加入
是為了協助學生加深對作品的探究和發展。例如：
重新安排定格形像與空間的關係，以此來看清楚意
義的轉變，或集中地觀看特定的行動或姿勢來進行
討論，又或以此作為進一步延伸創作的基礎。

 教師需要具備的知識

　　雖然本節的主題應該需要最長的篇幅，但這卻是這部分最短
的一節。要在幾頁中就「給予」戲劇教師所需具備的知識，是不
可能的事。我也規定著自己在描述不同知識類別的同時，也期望
能在每一類別中放進有意義的內容。（這裡只包括有關教授戲劇
的特別知識，而沒有提及所有教師都應該擁有的基本教學知識。）
教授戲劇帶給我的樂趣之一是永遠有學不完的知識，我必須要不
斷學習新的知識來提升我的工作。這裡我所提到知識的寬度，不
是一朝一夕可以得來的。你需要付出時間，透過閱讀本書建議的
書目或其他書籍，亦可以透過多進劇院和戲院觀賞作品，以及從
參與工作坊來增進知識。當然，知識也是需要透過經驗來獲取，
不管是教學的累積，還是留意周遭世界所發生的事情來豐富生活
的經驗，都同樣重要。

65

　　為了成為一位在第三學習階段的戲劇專科教師，教師需要擁
有實務、理論、技術、歷史和文化等五類知識。當然，其中有一

些項目可能會牽涉到超過一項的類別，如「面具」。由於教師需要去認識面具的傳統及其特定的用途，所以被放在實務知識那一類別。可是，在教授面具製作時，也就放到技術方面的知識了。

　　看到以下知識項目時，你或許會覺得，這超越了第三學習階段的課程需求。當然，你不需要擁有以下所有的知識才能夠成為第三學習階段的戲劇教師。可是，你擁有越多戲劇知識，就會有越多材料可以應用，豐富你在任何一個階段的教學。在英國的教育制度，戲劇專科教師需要擁有相等於高級程度會考（A-level）的知識程度。

一、實務知識

1.戲劇指導；使用戲劇元素來溝通意義；
2.表演風格、舞蹈、面具和其他相關的舞台技術；
3.個人和人際間行為的管理；
4.項目管理（製作）。

二、理論知識

1.關於在學校教授戲劇特定的知識（閱讀相關書籍如本書）；
2.戲劇理論〔閱讀範疇可以從亞里斯多德（Aristotle）到雷蒙威廉斯（Raymond Williams），及理論著作如布萊希特（Brecht）、史坦尼斯拉夫斯基（Stanislavski）及其他〕；
3.戲劇的符號學（劇場中的想法如何被觀眾建構、傳達和再建

構）；

4. 劇場人類學（本土及其他時代、地方，對表演的不同文化功能和表現形式）；

5. 二十及二十一世紀主要的劇場和學校戲劇工作者的理論著作〔包括史萊德（Slade）、威（Way）、希斯考特、勃頓，以及史坦尼斯拉夫斯基、梅耶荷德（Meyerhold）、布萊希特及波瓦〕；

6. 注意相關的批判理論，如女性主義、後殖民主義、表演、文學等。

三、技術知識

1. 音響及燈光技術；

2. 利用科技來控制音響和燈光系統，及以此作為戲劇中的一部分（例如：利用網際網路作研究用途）；

3. 布景設計及搭建（包括服裝和道具）。

四、歷史知識

66

1. 西方戲劇主要發展時期及風格，如希臘（Greek）、伊利莎白時期／詹姆斯一世時期（Elizabethan/Jacobean）、寫實主義／自然主義（Realism/Naturalism）、象徵主義（Symbolism）和表現主義（Expressionism）；

2. 二十世紀及以前的劇作家，例如：莎士比亞、強生（Jonson）、布萊希特、阿瑟米勒（Miller）；

3.悲劇及喜劇的種類；

4.社會歷史的主要時期，例如：雅典時期（Athenian）和伊利莎
　白時期的社會、工業革命、1930 年代及 1960 年代；

5.大眾劇場及娛樂模式，例如：懸疑劇、喜劇、通俗劇、歌舞雜
　耍表演、國家的戲劇計畫、音樂劇。

五、文化知識

1.非歐洲的主要表演傳統，例如：卡達卡里（Kathakali）、能劇
　和歌舞伎（Noh and Kabuki）、嘉年華（Carnival）及影子偶
　（shadow puppets）；

2.當代寫作及表演風格的趨勢；

3.媒體及圖像；

4.重要文化運動，如現代主義和後現代主義；

5.口述的和共同參與的美學傳統。

第三部分

教案參考

七年級——介紹安蒂崗妮

67

一、理念

這個介紹《安蒂崗妮》(*Antigone*)的教案為學生提供發展戲劇技巧、知識及理解的機會。此劇由索發克里斯(Sophocles)所撰寫,是最受歡迎的雅典悲劇之一。教師可藉此作為古典悲劇的範例,如介紹歌隊(chorus)的角色,及「三一律」[1]的結構特色。《安蒂崗妮》是一個很有影響力的神話,它探討公開及私下生活間之衝突、家庭與公民效忠間之緊張狀態、兩代間之矛盾,這些主題都能引起現代年輕學生的共鳴。安蒂崗妮本人的故事已十分具吸引力,一個13歲的活潑女孩,為著自己心中的信念而視死如歸。這一系列的課堂設計,讓你透過多元的戲劇慣用手法和技巧來探討這個經典神話,也藉著繙譯文本的片段來介紹了雅典悲劇的形式與結構。

---

1 譯注:書中原文為「時間、地點和情節的一致性」。

教學
資源準備

■ 三小時的教學時間及一份作業

■ 對開海報紙及麥克筆

■ 影印 Jean Cocteau 的畫（參考頁 119）

■ 索發克里斯撰寫的《底比斯人》〔*The Thebans*，Timberlake Wertenbaker （Faber & Faber, 1992）的繙譯版本。〕

■ 劇本摘錄

二、專門及架構目標

專門學習範疇目標：**表演／互動**	A1：掌握、應用戲劇元素，特別是在空間中聲音和身體的運用。 A2：能運用聲音、姿勢和動作來向觀眾傳達意思；嚴謹地運用表演的慣例。 IA1：能與其他演員一起表演和互動，成為整體演出的一部分。
導演／管理	D5：能將初步的想法及回應排成戲劇。 M1：能和其他組員協商，願意採納及使用他人的意見。

68

（下頁續）

檢視／評估	R1：能辨別古今的戲劇類型，如悲劇。 E2：能在角色中探究，對文本、議題和處境發展批判性思考。
架構目標： 戲劇	SL 15：能利用角色扮演去探討。 SL 17：擴展說話能力。
說話及聆聽	SL 11：採用不同類型的角色來討論。 SL 13：能有邏輯、有方法地合作解決問題及剪裁內容。
閱讀	TR6：能採用主動閱讀的方法。 TR7：能辨認文本中的重點、情節及想法。 TR12：能對作者在文中的情境布置、角色及氣氛作出評價。 TR18：能對作品提出經過深思熟慮的回應。 TR20：探討文學傳承的概念——為什麼有一些作品會尤其重要及有影響力？

三、專門學習範疇的教學方法

■ 創造一個安全的空間，讓學生暫忘自我意識地試驗其聲音及身體。
■ 運用多元的技巧和慣用手法，在戲劇中而非在討論中探究角色、布景及情節。
■ 示範及提供機會，讓學生嘗試不同的角色，尤其是成人角色，能讓他們運用較多想像力來使自己變得不同。

- 教導學生如何在戲劇中的「此時此刻」情境內，利用視覺、聽覺、語言、空間和肢體語言去表達不同人物，向觀眾呈現出一個「鮮活的真實」。
- 透過不同的方法，如教師入戲、定格形像、坐針氈來示範與角色溝通。
- 給小組直接的例子，讓他們明白如何利用戲劇技巧和舞台調度慣例來向觀眾傳達意念。
- 鼓勵缺乏信心的學生去嘗試扮演一些有權力的角色；設計一些情境讓學生利用適當的方言和語域來解決難題。
- 辨認、利用一些好的作品給其他小組作參考。

69

- 利用不同的戲劇詮釋比較同一場戲，使學生明白創作的多元可能。
- 示範一些具挑戰性的活動，讓學生從中學會在二人組合或小組中合作和協商。
- 為學生製造反思機會，讓他們能思考及表達自己對於戲劇經歷中的所想所思。
- 確實把反思及評量環節列為課堂的學習目標。

四、表現指標

在一連串的課堂中，學生經常／偶爾／甚少：
- 能在角色內外與其他人有效地合作；
- 能利用聲音和動作去表達操持不同方言、語域的角色和處境；
- 能在討論時提供意見；聆聽和接納別人的意見；

■ 能分析不同劇本及文本中的台詞，從而產生對角色的理解；

■ 能觀察、維持在班級及小組裡討論的社會規則；

■ 能在指定環境下確認、評述可以用來演戲的可能性；

■ 能運用批判式的發問技巧去發展和提升構想；

■ 能正面地、批判地評價自己和別人的作品；

■ 能辨別和討論在劇本、文本及演出中形式、內容、動機之間的
關係；

■ 能在編作過程、彩排及討論中反思相關的主題、構想和議題。

五、故事文本

　　《安蒂崗妮》（442-441B. C.）是索發克里斯的戲劇三部曲中
的第一部，內容是關於發生在底比斯（Thebes）皇宮中的一個悲
劇故事。這個故事的中心其實是伊底帕斯（Oedipus）的悲劇。伊
底帕斯由養父母帶大，他在長大後決心要尋找親生父母。經過了
連串災難性的誤會，他在一怒之下殺掉了一名陌生人，後來卻發
現該名陌生人就是其生父底比斯國王雷厄斯（Laius）。伊底帕斯
還娶了名叫喬卡絲坦（Jocasta）的寡婦，生下了兩名兒子及兩名
女兒。之後，他發現原來喬卡絲坦竟然是自己的親生母親。結果，
喬卡絲坦因羞愧而自殺，而伊底帕斯就把雙眼挖了出來，自我放
逐。最後，他在一次神祕的事件中「死去」。

　　伊底帕斯把王位傳給了喬卡絲坦的弟弟克里昂（Creon），此
決定遭到兩名兒子波利尼沙斯（Polynices）及伊提奧克斯
（Eteocles）的強烈反對，起而挑戰克里昂的政權。結果，波利尼

沙斯加入了底比斯的敵人阿高斯（Argos）的軍隊，入侵底比斯城。雖然伊提奧克斯不同意克里昂，但是他卻勇敢地保衛國家，對抗其兄弟的襲擊。最後，他們互相殺掉了對方。

70　　為了阻嚇所有企圖的叛國行為，並把國家法則重新帶回正軌，克里昂頒令將伊提奧克斯風光大葬，而波利尼沙斯的屍體則棄置於城門外。任何人擅自把波利尼沙斯埋葬，即會判以被亂石投擲而死之刑。希臘人深信死後的軀體必須得到安葬，才能把靈魂帶到「陰間」。所以，將親人妥善地安葬是家庭的重要責任。《安蒂崗妮》的故事就開始於伊底帕斯的兩名女兒安蒂崗妮和伊絲勉（Ismene）討論有關克里昂的頒令。

教學片段一　引入主題

　　教師把尚‧考克多（Jean Cocteau）於 1922 年的畫作 *Antigone et Creon*（參考下圖）投影出來，然後，請學生與鄰座同學進行討論：「你認為畫中的兩個人物誰的權力比較大？」

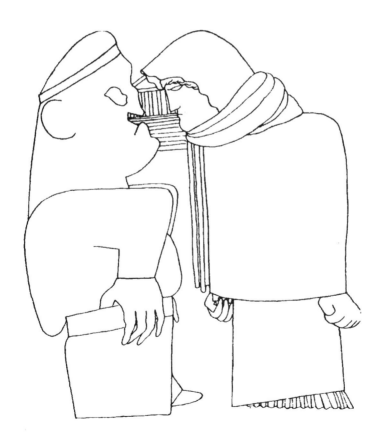

　　教師帶領學生分享討論結果，注意學生如何為兩個人物賦予「角色性格」。他們如何描述誰是男人／女人？他們如何形容畫中兩個人物的關係及衝突？他們認為畫中代表了哪個時代和文化背景呢？

這幅畫對青年學生來說是一個既簡單而又沒有威嚇性的視覺介紹。在畫中，考克多捕捉了許多有關此劇的主題：

■ 安蒂崗妮與克里昂之間意願和意識型態的衝突；

■ 衝突中世代（generation）及性別的重要性；

■ 安蒂崗妮與克里昂之間的權力鬥爭；

■ 克里昂害怕自己失敗了，便連女人也比不上；

■ 在權力、家庭及責任中的性別觀念；

■ 公民及家庭責任和角色的衝突。

　　教師告訴學生：這幅畫當中的兩名人物是來自一個在西元前五世紀叫《安蒂崗妮》的雅典戲劇作品。那個女的是安蒂崗妮，男的是克里昂。克里昂是安蒂崗妮的舅父，也是他們所居地底比斯的國王。教師可以請學生利用已知的資料，與鄰座同學討論一下關於此劇可能有的角色、場景及情節。

　　教師把四張各自寫有劇中一句台詞的大海報紙放置在教室四周：

1. 我已經不像是一個男人，她才是一個男人……

　　只要我還有一口氣，我不要被女人統治。

2. 我們必須謹記：身為女人不可以和男人作對。

3. 一個男人──甚至是一個聰明絕頂的男人──學到教訓，並不

是一件可恥的事情。

4.生存的悲哀加諸於死亡的悲哀之上。

　　教師邀請學生閱讀及思考每一句台詞，然後決定哪一句使他感到憤怒或是最為贊同。當全部人有了決定時，教師可以請學生走到寫著那句台詞的海報紙旁邊，然後告訴那些跟自己站在一起的人揀選的原因。教師請每組輪流向全班分享想法及感受。完成後，教師可以詢問學生有否因別人的分享而改變自己的想法，或仍然維持原來的觀點。

　　教師利用「五秒定格形像」的慣用手法，限定各組每次以五秒時間去協調及利用身體，分別創造兩個不同的形像。第一個定格形像是關於所選的那句台詞的男性觀點，第二個定格形像是女性觀點。然後，與小組組員討論剛剛完成的兩個形像，以及分享對從第一轉變到第二形像的觀察，再向全班報告。

這個活動達到了幾個教與學的目的：　　　　　　　　　　　　　*72*

■ 台詞揭示了劇中重要的主題，學生帶著這些主題開始了對情節的探究。先從主題著手，會比從情節著手有效。

■ 教師引起學生的情感反應，鼓勵他們跟身邊的同學討論，藉此模仿「歌隊」（chorus）的表現，及效法古代雅典人在廣場或市集公開辯論時事的情景。

■ 《安蒂崗妮》能帶出不同的議題探究。首先，是關於民主與獨裁的議題。雅典（民主之城）曾經與獨裁的斯巴達（Sparta）開戰。此外，還有不休地辯論著女性在公共生活中的角色。雖然民

（下頁續）

主，但是女性及外來者仍然受到排斥。另一個議題是關於當時社會中日益增加的「狂野女生」或雅典人稱之為「熊人」(arktoi)[2]的女生，她們挑戰父母及長輩的權力，常於夜深時分在街上流連。

■ 所有這些主題都能呈現當今青年人的處境，年約 12、13 歲的安蒂崗妮為了心中的信念而視死如歸，她的行為會感染及連繫到七年級的學生。這些主題也可以用在多元文化教室中進行討論，小心的帶領討論可以發揮公民教育的作用，讓學生學習去尊重及理解差異。

■ 「五秒定格形像」的手法給學生提供了另一種以身體及靜默的「對話」方式來詮釋台詞。在短時間內，他們只能夠依靠自己的直覺，嘗試去感受及配合其他人的動作。以身體及情感的本能來作回應，也是學習演戲的一部分。

　　教師帶領全班學生進行總結討論，反思及重溫到目前為止所知道有關《安蒂崗妮》的部分，整理有關資料並把談論的重點記錄下來。

本節以活動作為主題切入點，而非採用文本及情節，活動如同一面鏡子，示範了西元前五世紀雅典悲劇的社會與文化功能，提供了觸發公民辯論及對話的方法。活動也向學生介紹了以「歌隊」的想法來演繹人民，以及反映其觀點。

2　譯注：古希臘時代，arktoi 指未婚的年輕女生，她們被男性形容為擁有容易失控、暴力及瘋狂的特質，渴望脫離父親及社會的監控。

教學片段二　從文本到演出

73

教師告訴學生，他們將會像「偵探」一樣，逐步把安蒂崗妮的故事拼湊起來：

> 讓學生從探索片段來「發現」整個故事的內容會較為有效。如果一開始就讓學生閱讀整篇故事，他們可能會覺得沉悶，且打擊他們將來研習其他劇本及雅典戲劇的興趣。當學生從摘錄開始進行探究時，教師也要讓他們對未能掌握全面資料感到安心，免卻他們無所適從。

開始的時候，教師把本劇前言中兩段關於安蒂崗妮及伊絲勉的對話摘錄（如頁 124-126）發給學生。並向他們解釋「前言」是劇本的開端，劇本的開端通常會交代故事的背景，提到將會發生的事，同時也在建立戲劇中「此時此刻」的情況。教師介紹這種做法在此類型編劇過程中稱為**解說部分**（exposition）。

劇中的對話分成了十二分句，教師需依據學生能力及人數，把他們分成六或十二個小組。假如只有六個小組，那每組學生需要取得兩姊妹各一句的台詞；如十二個小組，則每組分配一句台詞。每一段的台詞附上了註釋來協助學生理解其內容。

> 教師可以根據學生能力來修改註釋的內容，但請切記這些註釋只為了讓學生理解台詞內容，這階段並不需要把整個故事告訴他們。

*　　　　　*　　　　　*

安蒂崗妮：

1. 我們有兩個兄弟。難道可以容許克里昂只把其中一個風光大葬，而另一個則被侮辱嗎？

   （克里昂是底比斯的統治者。安蒂崗妮的兩個兄弟都是他的外甥。）

2. 聽說伊提奧克斯已經被埋葬，並且依照正當的禮儀安葬，風光榮耀地長埋黃土。

   （伊提奧克斯是安蒂崗妮其中一個哥哥。希臘人相信死後的屍首必須要正式地埋葬。）

3. 可是，波利尼沙斯呢？他們說法令禁止人們把他埋葬，或是替他服喪；他仍然未被哀悼、未被安葬，那些小鳥把他的身體看成是一個美味肉食的寶藏，一點點地啄食。

   （波利尼沙斯是安蒂崗妮另外一個哥哥，他背叛了底比斯，曾帶兵攻打他的兄弟及舅父。）

4. 我們的好舅父克里昂的公告是給我和給你的，沒錯——是給我的，他清楚地告訴一些不順從他的人，他要堅決執行此事。

   （克里昂曾頒令要把波利尼沙斯的屍體不得埋葬，任其暴棄至腐爛。）

5. 不管是誰犯了這條法令，都會被眾人擲石至死。

   （克里昂頒令，任何人擅自把波利尼沙斯埋葬，即會判以被亂石投擲而死之刑。）

6. 你也要跟我站在同一陣線，向我展現你作為我們家族成員的優良血脈。

　（安蒂崗妮及她的妹妹伊絲勉也遭阻止，安蒂崗妮在想，伊絲勉到底會履行她的義務而安葬兄長，還是因懼怕而退縮呢？）

伊絲勉：
74

1. 等一等，

　想一想，

　姊姊，

　你還記得我們的父親是怎樣死的嗎？

　他死於仇恨，在恥辱中

　逃避。

　暴露自己的罪過，用自己雙手挖出雙眼。

　（兩姊妹的爸爸是伊底帕斯，他因恥辱而把自己雙眼挖出來，終致死亡。）

2. 還有，母親，妻子，這個雙重身分的人，在糾纏不清的關係中摧殘了自己的一生。

　（兩姊妹的媽媽是伊底帕斯的妻子，可是，她後來發現伊底帕斯是自己的兒子後自殺身亡。）

3. 最後，就是我們的兩個哥哥，在一夕之間，悲慘地互相殘殺，深陷自己一手造成的命運中。

　（兩姊妹的哥哥在底比斯戰役中互相殺害而死。）

4. 我們只能夠孤獨地站在兩旁，無能為力。如果我們違背頒令及公然反抗暴君的權力，我們都會被處死的。

（克里昂曾頒令她們其中一個哥哥波利尼沙斯不得埋葬，任何人擅自將他埋葬，即會判以被亂石投擲而死之刑。）

5. 我們必須緊謹記：身為女人是不可以和男人對抗的。我們要被強過我們的男人們統領，即使我們感到非常痛苦，也必須要順從。

6. 我懇求所有九泉下的祖先們寬恕，我別無選擇，我必須要服從權力。激進的行動是毫無意義的。

（伊絲勉決定不違反律法去埋葬自己的兄長波利尼沙斯，故請求祖先的原諒。）

*　　　　　*　　　　　*

教師協助學生在小組的工作，逐步把自己的台詞以形體化及視覺化構建起來：

■ 每組分配一段台詞，讓他們在小組中共同閱讀及討論故事中的提示。請他們把不懂的生字列出來，教師收集全班的生字，向學生解釋各個生字的意思。然後，每組輪流把自己那段台詞朗讀出來。

■ 教師告訴學生，他們的工作是要用自己的聲音來設計一些有趣的方法，把該段台詞「演」出來。教師示範一些可能的設計，如個人朗讀、合唱形式朗讀、重疊式朗讀、回音式朗讀、重複朗讀等。

■ 學生練習演說自己的台詞。當他們準備好以後，教師請學生為該段台詞的情景設計一個定格形像。

■ 學生完成設計定格形像後，接著，教師請他們設計一個有創意

的方式，一邊朗讀，一邊把定格形像展演出來。學生必須在演出前決定由朗讀動作變成定格形像時的起始及結束位置。

■ 當所有小組完成排練後，教師指導全班一氣呵成地逐組交替演出。

75

> 教師需要精心地管理這個「演出」，使學生能經歷由創作到演出的戲劇效果。為了達致這個效果，教師須有效地管理演出空間，以及確保學生清楚整個流程的安排，讓他們知道定格形像是每組的終結點，也同時是下一組開始的訊號。

教師帶領全班反思在小組中的工作表現，以及整體演出的效果。教師利用在「教學片段一」中提到的四句台詞，配合本節中的不同片段內容，引導學生對劇中主題進行討論，從而整理出已知的故事背景及情節。

76 教學片段三 **創作情境**

教師請學生想像底比斯的生活面貌。這個城市剛剛從戰爭及由波利尼沙斯帶領敵人圍攻的困境恢復過來。試比較巴格達（Baghdad）或者一些戰後的城市。學生分成兩人一組，假設自己為巴格達的領袖，討論一下會優先處理的項目。他們會如何建立法紀？他們會如何保障市民生命財產不再受威脅？他們如何確保權威受到尊重？在戰爭時期統領一個城市跟在和平時期統領一個城市有何分別？

讓學生比較巴格達及戰後的伊拉克，能為學生提供建立歷史相關性的機會。在電視傳媒中的戰爭事件及其餘波，能協助學生理解克里昂作為統治者的兩難處境。學生能同情克里昂是很重要的，他們要明白作為統治者，他實在有必要去建立威信來為底比斯帶來和平。

教師提問：什麼人會在戰後立即到巴格達／底比斯這樣的地方？學生提出的建議可能會包括：尋找親人的家屬、援助及慈善團體工作人員、尋找新聞故事的記者（其他城市的傳訊者）、想賺錢的機會主義者、雇傭兵、間諜。

教師將與學生一起進行全班演戲活動，步驟如下：

1. 教師先把兩張椅子或相近的物件界定為「底比斯七門」[3]其中之一道城門。然後，告訴全班今天是敵人撤出底比斯城牆的第一天黎明。城門緊閉，直至政府認為可以開放給訪客。教師取出

四張在「教學片段一」時用過的對開海報紙，把紙組合起來砌成人形放在地上，並告訴全班學生：「這是底比斯的兒子波利尼沙斯的屍體，一名叛國者，他在戰爭中被自己兄弟所殺。」

2. 教師讓學生自行決定一個剛才提及到的訪者角色。當他們都想好後，告訴他們將扮演等候城門開放的訪者。然後，邀請全班聚集在一起，請學生開始進入角色與其他「訪者」閒聊，交換謠言，談及曾在底比斯城發生的事件。當全班慢慢開始交談，進入訪者之角色狀態時，教師可以中斷他們的談話說：「在波利尼沙斯的屍體旁邊，坐著一個守衛（教師入戲）。這是一個填補你們對故事中未知部分的機會，你可以用訪者的身分向守衛發問，幫助你了解現在以及將在底比斯發生的事情。」

3. 教師入戲扮演守衛，走近學生，利用一些在《安蒂崗妮》劇本中第一段歌隊唱誦的內容及主旨，作為與學生對答的資料。包括這是美麗的一天，敵人剛撤走，可怕的戰爭完結，人們都厭倦了戰爭，都希望生活盡快回復正常秩序。

> 這一刻，學生可能會想重讀第一段歌隊的文本，了解底比斯市民的想法與態度。

4. 教師以守衛身分與全班學生互動，鼓勵發問，填補故事中的未知部分，解釋為什麼波利尼沙斯會被棄屍，提醒學生波利尼沙 77

---

3 譯注：安菲翁（Amphion）和西蘇斯（Zethus）是希臘神話中宙斯和安提俄珀（Antiope）的雙生子。他們曾經聯合統治過底比斯城；期間，安菲翁為訂定底比斯邊界，建立了七道以他女兒名字命名的城門圍城。

斯是一名叛國者，底比斯人想要有一個強勢的領袖，給敵人樹立一個警戒。教師在共同演戲中嘗試鼓勵學生從多角度去了解故事中的處境，不只同情安蒂崗妮想埋葬哥哥的希望，還能理解克里昂想藉波利尼沙斯事件以樹立威信，防止底比斯城再有流血事件及受到侵擾。

教師入戲扮演守衛的目的是作為「資料提供者」，提供故事的詳情，特別是伊底帕斯的悲劇。確保全班能夠明白為什麼克里昂及大多數底比斯的市民認為應該把叛國者波利尼沙斯棄屍，以建立威信。

---

5. 當全班能夠以角色進入狀況，與「守衛」互動，向他發問，教師可以停止談話及指向遠處說：「喂！你們看看死去的波利尼沙斯的妹妹安蒂崗妮正走過來，她還不知道這個消息。這下可麻煩了！」教師走出角色，邀請一名學生扮演安蒂崗妮。

讓學生扮演中心角色，來與全班互動是非常重要的。教師可能需要一些時間去找一個自願者。如果沒有人願意，教師可以建議由兩名學生共同扮演安蒂崗妮；或者萬不得已，教師先開始示範安蒂崗妮如何與群眾及守衛互動，然後請自願者取代自己。教師入戲扮演守衛去管理情境的發展，讓安蒂崗妮有機會發言，盡可能讓學生而非教師與她對答。教師嘗試建立歌隊的意識，鼓勵學生對安蒂崗妮的處境及兩難提出不同的觀點。

---

6. 教師入戲為守衛，負責促導及管理扮演安蒂崗妮的學生與群眾

之間的互動。教師盡可能鼓勵訪者的「合唱」要對安蒂崗妮的
想法持有不同角度的觀點，嘗試游說她不要冒險違逆克里昂。
在適當的時刻，守衛宣布城門開啟，訪者可以進入。教師終止
全班演戲，詢問有哪些訪者會選擇現在進城辦自己的事情，有
哪些想會留下來看看在安蒂崗妮身上會發生什麼事。所有人跳
出角色，教師與學生討論及反思剛才他們作出的去留決定。

現在的張力是要學生去思考有關公開的及私下的責任之重要性，他
們會認為去辦自己私下的事情如尋找遺失的家屬較重要；還是選擇
留下來看看安蒂崗妮將會得到什麼樣的審判重要。

78 **教學片段四 發現悲劇性**

　　將全班分成四組，告知以下的工作及指示。「假如安蒂崗妮想盡辦法來跟守衛說話，她會說什麼？假如她想盡辦法來跟訪者說話，她會說什麼？她會向克里昂說什麼？她又會向神明說什麼呢？」

　　每組負責討論及決定安蒂崗妮向其中一個對象（守衛、訪者、克里昂、神明）說的話語。每組必須選出一位同學扮演安蒂崗妮，說出那些話語。

> 全組演戲需要學生在當下那一刻思考，即時面對處境的發展，當故事情節不斷的顯露時亦會引起本能的回應。這個時候，教師應該把教學步伐放慢，讓學生能批判性地注意正在發生的事情；透過模仿特顯的語言及文本的「文學性」，來鼓勵他們學習選擇地運用語言。這樣，學生由透過全班即興作為口述的和共同參與的美學經驗，開始探討這件事的情境；轉而走向一種文學的和私下的美學傳統，特別著重注意角色語言與姿勢的設計。

　　當學生準備妥當，教師介紹在雅典悲劇中的演員常用的三種動作／姿勢，示範一些可能用來呈現安蒂崗妮此刻情況的例子：

■ 索引（Index），或指向其他人物或地點；

■ 雕塑（Icon），或模仿的姿勢，如以手掩面作哭泣狀或是搖動拳頭來表示憤怒；及

■ **輪廓**（Schema），或以更象徵的姿勢來傳達概念及觀念，如家庭、忠誠或失去。

每組決定一種適合安蒂崗妮說話時的姿勢。

當每組都選擇好安蒂崗妮的姿勢時，教師請四名將會扮演安蒂崗妮的演員出來，商討演出的順序及站立位置。與此同時，教師請其餘學生兩人一組，討論安蒂崗妮的說話對象對她會有的回應及會擺出的姿勢。

當全班都完成準備後，教師給予訊號，指示安蒂崗妮進入、說出預先準備的話語，說完後定格站立待其他人完成。跟著，每名在「歌隊」中的訪者開始輪流向著安蒂崗妮擺出姿勢及回應她的說話。

將活動重複一遍，可是，這次所有學生只能夠擺出姿勢而不能說話。教師鼓勵他們在沒有語言之下把姿勢變得更有感染力及表現更豐富。教師可以在這次演出中輔以適當的音樂作背景，以增加氣氛。

> 這是一個有意識的嘗試，讓學生去創作富有感染力及動感的劇場。教師應鼓勵他們發展、延伸自己的姿勢，來回應其他人的設計及播放音樂的感覺。這也可以說成是「淨化」的時刻，透過創作及經歷強烈的劇場演出，釋放情緒及情感能量。

79

延伸活動

　　這個教學設計提供了一個介紹《安蒂崗妮》的可能性。教師也可以參照以下活動來延伸此課題：

★ 教師入戲為克里昂，讓學生探究他拒絕埋葬波利尼沙斯的動機及原因；

★ 探討克里昂與兒子希文（Haemon）之間，及克里昂與安蒂崗妮之間的場次，細想在家庭和國家中由於愛與忠誠而引發的議題；

★ 演出一個關於安蒂崗妮及希文的情境，運用集體聲音（collective voices）[4] 的手法去設計他們的對話內容，安蒂崗妮向他解釋自己的決定及希文的回應；

★ 運用多類型的技巧來反思劇中最後一場，探討不同人物在這悲劇裡面所起的作用，呈現這些事件如何改變克里昂及底比斯的將來。

★ 以底比斯市民身分會面，反思劇中提到的事件，及他們從中所學到的東西；

★ 討論、反思家庭與公職、領袖與市民之間的張力。

---

4 譯注：共同扮演角色，即興對話，建構角色。

八年級——以文本作為線索材料的創作過程

80

一、理念

　　能夠編作有劇本及非劇本性之演出，是 GCSE 考試的重點要求。因此在第三學習階段的戲劇課程，也必須包含這方面技巧的教授。本教案是讓學生根據一篇短文作為線索材料，透過集體想像，共同創作一個具備完整角色刻劃及關係的演出。教案提供一個清晰的架構，讓學生從不同人物的回應中逐步建立一個協調一致的集體演出。為了使學生掌握寫實類劇場的重點（類似他們所熟悉的電視及電影），本教案也會鼓勵學生在創作過程中，多考慮角色與其所處環境之間的關係。

　　　　教學
　　　資源準備
— 三小時的教學時間及一份作業
— 對開海報紙及麥克筆
— 影印文本
— 投影片及專用筆
— 投影機及螢幕

二、專門及架構目標

專門學習範疇目標： **表演／互動**	A4：能透過研究、觀察和個人詮釋，以不同形式來演繹不同類型的角色。 IA4：能提供意見，並與其他組員建立良好的工作關係。
導演／管理	D4：將編劇、演員和設計師的創作，融合成完整一致的戲劇陳述。 M1：能和其他組員協商。 M4：能提供一些方法綜合、融合小組中不同意念的方法。
檢視／評估	R2：能利用批判的、專業的術語去討論戲劇。 E3：能分辨及詮釋自己對文本的回應。
架構目標： **戲劇**	SL 15：能利用角色扮演探討及發展想法。 SL 16：能與人合作，從探討角色關係及議題的演出手法評估作品。
說話及聆聽	SL 4：能提供解說或評論，把語言連接到動作及影像。 SL 10：利用對話去提問、假設、推測、評論、解決問題及思考複雜的議題和想法。
閱讀	TR16：能辨認如何創作文本來呈現及反思文化。 TR8：能審查意義如何因呈現資料的不同方法，或因轉換成不同媒體，而產生改變。
寫作	TW7：能試驗不同的語言選擇，來顯示意義並建立篇章中的語調。

81

三、專門學習範疇的教學方法

■ 運用多元的技巧和慣用手法，在戲劇中而非在討論中探究角色、布景及情節。

■ 教導學生如何在戲劇中的「此時此刻」情境內，利用視覺、聽覺、語言、空間和肢體語言去表達不同人物，向觀眾呈現出一個「鮮活的真實」。

■ 透過不同的方法，如教師入戲、定格形像、坐針氈來示範與角色溝通。

■ 辨認、利用一些好的作品給其他小組作參考。

■ 利用不同的戲劇詮釋去比較同一場戲，使學生明白創作的多元可能。

■ 示範一些具挑戰性的活動，讓學生從中學會在二人組合或小組中合作和協商。

■ 確實把反思及評量環節列為課堂的學習目標。

■ 制訂朝向成果的目標，釐訂評量準則。

■ 為學生提供可用作視覺探索和展示意念的媒體。

■ 示範、探索如何運用燈光、道具和舞台調度，來加強戲劇形式的溝通和對想法的理解。

四、表現指標

在一連串的課堂中，學生經常／偶爾／甚少：

■ 能在角色的性格描述和探究中，認同並討論文化、道德和社會
　議題；

■ 能明白劇本中用到的書寫慣例和戲劇中不同的結構類型；

82 ■ 能有建設性地與他人合作，策劃及設計戲劇演出；

■ 能反思演出對觀眾之影響，並提出修改和改善方法；

■ 能分辨議題；組織小組一同有焦點地進行探索。

五、線索材料

以下為古德溫（Godfrey Goodwin）的小說《天使絕跡了》
（*There Ain't No Angels No More*）（Collins, 1978）的開首：

　　砰！我的耳邊一涼，一塊石頭擊到路盡頭的石柱上，
再撞擊到街角小店已被木板蓋著的窗子上。這群街頭霸
王又來了。他們不喜歡這條街道。我們也不喜歡他們，
所以我想不到有任何理由他們會喜歡我們。我只是不知
道他們為何會針對我。我已經嘗試過偷偷地從學校中溜
走，將麻煩減至最少。你們給我記住，如果有需要，我
也會把石頭擲向你們。當你住在地獄裡，根本無需成為
一名天使。那群人稱這條街道為——「地獄巷」。但我
們卻叫這個地方為——家。

教學片段一　對「指定情境」的初步回應及分析　*83*

　　教師介紹本工作計畫及其學習目標。告訴學生這個計畫的產出將會是根據一個文本為線索材料的編作演出。編作的意思是指全班根據線索材料作起始點，透過想法的選取及形塑，製作一個原創的戲劇演出。教師向學生解釋這個創作過程需要不斷地就不同的想法進行反思及記錄，在探索階段還要進行不同的演出實驗，而可能會採用的方法，包括例如繪圖、撰寫劇本片段、牆上的角色。教師需要跟學生一起討論有效率的工作方式，商議團隊中的契約，建立及記下重要的工作守則。

　　教師把文本發給學生，再請出一個自願者朗讀文本。在小組內，學生嘗試在文本中探尋線索。每組給予一張對開海報紙，告訴學生在海報紙上分成**角色、場景**及**情節**三個欄目。依據文本的提示作出聯想，透過推測及假設來填寫欄目的內容。

　　學生會很喜歡這種從偵察文本來尋找線索的「探案」模式活動。為了辨別戲劇與英語的文本分析特性的差異，教師使用角色、場景及情節為欄目。學生可能會使用字詞、句子、文本分析、語言及影像的結構來看這篇摘錄，可是，這些欄目的指引把學生的分析聚焦在尋找戲劇元素。當然，學生對語文分析的先備經驗亦有助於這項工作。他們可能會從標題的片語及接觸到的文字當中找出矛盾，或在敘述者的言詞中找出不熟悉的簡稱。這個言論是否在課堂中發表？還是只是敘述者所附加為求表現不必要的語言？

（下頁續）

> 教師必須要讓學生知道，他們可以自由地想像的同時，想像必須要有根有據，他們對角色、場景及情節的想法必須要在文本中找到相關的連繫。

教師帶領全班一起討論每組的想法，示範如何去融入或考慮不同的意見。教師請學生回到文本中印證他們的「想像」。

> 為了使全班確認對探索的共識，教師宜小心處理這部分的討論，容許所有不同的想法及詮釋都被含括及肯定。對於一些模糊部分，仍然可持開放的態度，例如敘述者的性別。教師藉此機會向學生展示出一個摘錄文本的多元詮釋可能，這些豐富的可能性將會成為進一步創作的素材。

84 　教師解釋以上工作的目的，是為了要根據摘錄文本來創作戲劇。全班一起討論散文與戲劇敘述的分別。教師要把討論焦點放在戲劇張力上，如有需要，可以向學生提供相關於戲劇張力的解釋及例子。然後，小組依據摘錄內容，盡量列出文中可能出現的張力，例如：

朋黨與文化領域之間；

家庭與學校之間；

外來者的觀點（地獄巷）與本地人的觀點（我們稱之為「家」）之間；

原居民與新移民之間；

傳統與轉變之間。

 **創作戲劇情境**

　　教師告訴學生這個編作過程會由舞台設計開始。每組根據「教學片段一」中的筆記及想像，把對舞台面貌的集體「印象」繪畫在海報紙上。教師鼓勵學生嘗試在設計上呈現曾提及到的張力，如領域之間的張力；此外，也要考慮到觀眾席的位置。教師介紹觀眾位置的不同可能性，如面向鏡框式舞台、環形舞台、半島舞台或任觀眾漫遊式散立的舞台。

這個練習提供了讓你教授有關舞台設計的術語、基本技巧及模組（template）的機會。練習的目的是使學生能集中注意環境的元素，創作表現豐富的視覺印象。從把場景視覺化開始，學生會在往後的創作過程中多考慮到環境對於角色及事件的塑造。透過實務操作的練習，向學生介紹了寫實類型劇場的重點——就是角色及事件被周遭環境所塑造和決定。寫實主義的特徵可見於許多戲劇作品，如易卜生（Ibsen）、霍普特曼（Hauptmann）、蕭伯納（Shaw）、歐尼爾（O'Neill）、勞倫斯（D. H. Lawrence）、歐尼爾與米勒（O'Neill and Miller）。如果這個練習也是用來介紹舞台設計，你可以向學生展示學校過往製作的設計或在網路上找一些專業劇場的例子。此外，你也應該讓學生得知設計的限制，如預算、材料（可用於設計的材料只有在戲劇空間裡的物資）等。為了使設計作品能夠呈現於眼前，小組需要商討方法解決這些技術問題。

　　當各組完成繪畫草圖後，可向每組發投影片及其專用筆。請他們把設計畫在投影片上，準備向全班報告。教師介紹報告的模式：「這個演出將會由知名舞台劇經理人卡麥隆‧麥金塔許（Cameron Mackintosh）負責製作，全班想像自己為一群舞台設計師，向卡麥隆『推銷』自己的設計想法。」每組需要決定一個最好的報告形式及代表。報告時需要利用投影機把設計圖放大投射。每組報告完畢後，教師挑選一些學生扮演卡麥隆的代表向報告組別給予評語，讚賞優點，以及提出改善建議。

> 把設計圖放大投射，能讓學生留下具體的「印象」，知道自己的設計如何在舞台上呈現及使用。學生使用投影機，以正式的語言來進行報告，向其他人解釋及闡明自己的設計想法，這能培養他們清晰且有信心地公開發言的社交能力。以上的戲劇框架能使報告變得有目的性、相關性，讓學生保有一點自我距離，且增添趣味感。

教學片段三　生活圈子

教師向學生介紹及解釋「生活圈子」這個慣用手法如何協助創作角色及情節。

慣用手法的描述

一張對開海報紙分割成五部分。在中心畫一個圓形，寫上中心角色的名字及年齡。周邊的四個部分代表中心角色的不同生活面及會接觸到的人物。這四個部分的標題為住所、親人、閒暇及工作。

標題：「住所」顯示角色居住的地方；「親人」顯示直屬親人，可能包括一些分居的親人。「閒暇」指各種社交生活；最後，「工作」指角色的工作，或者如他們未到就業年齡或失業，這部分可以顯示他們周遭的日常事務。

這些標題必須要不帶價值判斷，讓學生可以自行決定不同項目的位置。學生集體提出關於角色的想法，並把想法放到合適的部分裡面。在這個練習中，教師應盡量嘗試包括不同的可能性及想法，鼓勵學生注意不同建議之間的連接性及一致性。

以下是由一班八年級學生提出的例子，他們決定中心角色的名字叫瑪特布朗，12歲。這個班決定不為這名角色訂定性別。

全班分成四組，每組負責集中探討一個部分。運用即興手法，為中心角色與其中一名重要角色（朋友、敵人、盟友、親戚）設計一段簡短對話。這段對話須包括他們之間可能發生的衝突、張力或背景。即興對話必須基於先前對內容的集體共識。

87

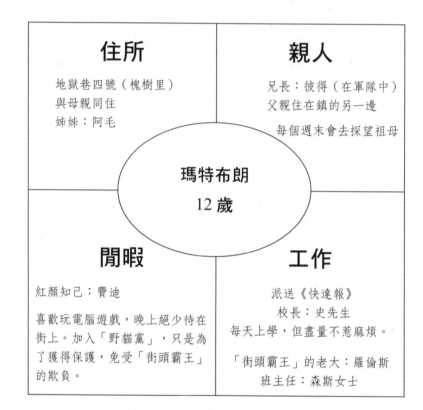

住所

地獄巷四號（槐樹里）
與母親同住
姊姊：阿毛

親人

兄長：彼得（在軍隊中）
父親住在鎮的另一邊

每個週末會去探望祖母

瑪特布朗
12 歲

閒暇

紅顏知己：費迪

喜歡玩電腦遊戲，晚上絕少待在街上。加入「野貓黨」，只是為了獲得保護，免受「街頭霸王」的欺負。

工作

派送《快達報》
校長：史先生
每天上學，但盡量不惹麻煩。

「街頭霸王」的老大：羅倫斯
班主任：森斯女士

教學片段四 從即興到劇本

每個小組須決定一個創作即興對話的最佳方法。可以在小組內分成二人一組，二人即興對話，然後與其他組員分享，直至選出大家都滿意的版本。此時，每組也得開始分配各人之工作崗位，如編劇、導演、演員。

> 這提供學生一個在工作過程中反思的機會，讓他們在小組工作中，嘗試包含組內成員的不同意見及長處。小組可藉此活動作為評核機會，預先想想到底要做些什麼才可以順利地把任務完成；決定評核任務的成功準則，以制訂將來的小組導引及管理方向。

每組把即興對話的內容記錄下來，但必須要詳細，目的是要讓其他組能夠憑藉劇本演出原作者的想法。每組可依照下列指引項目，作為撰寫劇本的參考：

- 十句台詞（獨立句子或交錯台詞）。
- 五個舞台指示。
- 兩件重要道具。
- 一個「戲劇性」停頓。

如有需要，教師可以協助各個小組，依據以上的指引發展想法，或示範如何運用語言來表達舞台指示，及如何運用舞台指示來表達角色的形態。

要求台詞及舞台指示數量的目的是要像遊戲一樣設立限制，鼓勵學生發揮選擇能力，能有節制地運用行動及語言來表達情境、角色及氣氛。限制也確保了能在合乎時間及精力許可下完成任務。

完成記錄後，可把劇本輸入電腦或重抄至海報紙上，再與其他小組交換劇本。

教學片段五　從文本到演出

　　各個小組分配演員及導演的工作，決定彩排方式。例如：小組可以再分成兩小隊，每小隊兩名演員及一名導演，分別進行彩排，完成後再互相對照劇本不同詮釋的效果。注意：小組必須要依照劇本來排練，不能增刪內容。

> 這個規則有數個目的。對於演出組來說，限定他們必須要依照原文排練演出，可促使他們集中討論作者的動機；在這個排練過程中，讓他們發現如實地把劇本中的動作及言詞在演出中執行的問題。小組通常會要求增加舞台指示及動作，但我們應當堅持要他們依照既定的規則。他們會慢慢地發現越少動作／行動，反而越能創造出強而有力的演出效果。至於劇本創作組方面，他們可以藉著看到自己作品的演出，發現劇本中的強弱項。

　　彩排完畢，每組演出片段。教師應鼓勵演出組與劇本創作組進行對話，讓全班能考慮到作者、演員及導演的不同需要與動機。教師解釋「如實地」呈現劇本與以「詮釋」手法的分別。詢問演出組，如果可以容許他們增加對話及／或舞台指示的話，他們的演出會作何改變；詢問劇本創作組，當他們看到作品被演出後，他們會否會想到要修改劇本的內容。

　　全班一起反思整個編作過程，討論如何把主題、張力、角色及想法發展出來。

延伸活動

　　這些劇本可以作為繼續發展的「錨」或主要場景，可採用多元的戲劇技巧去進一步探討角色、主題及情節。選取的作品可以創作不同類型的演出，包括文本片段及其他演出手法，如定格形像、思路追蹤、聲音造景、心底話及倒敘法（flashback）[5]等。

---

[5] 譯注：可參照本書「從 A 到 Z 的戲劇慣用手法及技巧」部分，了解此手法之內容。

九年級──身分的塑造

一、理念

　　這系列的課堂奠基於學生七至八年級對編作戲劇的理解及技巧掌握。學生根據自己對於不同人物的社會及美學探索，以及分析影響我們身分塑造的元素，他們經歷一個更複雜的建構角色過程。教案鼓勵學生對熟悉的角色典型、個人對「自己」與「他人」的觀念進行探問。他們也被鼓勵在作品中結合、採用、發展電影的手法與科技。對於即將升讀 GCSE 戲劇課程的學生來說，這是讓他們評估自己在編作及演出實力的好機會。對於所有學生而言，則是一個難得的機會，讓他們在完成九年級課程之際透過一系列的課堂，對身分及其塑造的議題進行批判思考及公開辯論。

教學
資源準備

- 三小時的教學時間及一份作業
- 白板及麥克筆
- 影印線索材料（參考頁 152）
- 所需之基本道具及服裝
- CD 播放機
- 數位相機、單槍投影機及 powerpoint 簡報（如有需要）

二、專門及架構目標

專門學習範疇目標： **表演／互動**	A4：能透過研究、觀察和個人詮釋，以不同形式來演繹不同類型的角色。 IA1：能與其他演員一起表演和互動，成為整體演出的一部分。
導演／管理	D1：能在自身戲劇經驗和別人演出中，學習創意地、象徵地運用戲劇元素。 M3：願意諮詢及使用其他人的資訊、意見、感受和想法。
檢視／評估	R5：能對於自己研討的、曾觀看過的和親自參與過的戲劇作品作出評估，並分析其架構、意義和影響。 E2：能在角色中探究，對文本、議題和處境發展批判性思考。
架構目標： **戲劇**	SL 11：利用戲劇來辨認、評估和改進已發展的戲劇技巧。 SL 12：利用不同的戲劇技巧，探討議題、想法和意義。
說話與聆聽	SL 10：組織小組活動來協助建構計畫案、解難及評核其他可行性。
閱讀	TR7：比較一些相關或截然不同的文本中的想法、價值觀或情感。
寫作	TW5：探索開展、組織及結束故事的不同方法，依據敘事的觀點來作實驗。

三、專門學習範疇的教學方法

■ 運用多元的技巧和慣用手法，在戲劇中而非在討論中探究角色、布景及情節。
■ 鼓勵和獎勵學生以身體和聲音作實驗性和非寫實的回應。
■ 確保學生能在製作的不同發展階段中，運用合適的語調和術語回應其他人的工作。
■ 辨認、利用一些好的作品給其他小組作參考。
■ 示範一些具挑戰性的活動，讓學生從中學會在二人組合或小組中合作和協商。
■ 為學生製造反思機會，讓他們能思考及表達自己對於戲劇經歷中的所想所思。
■ 讓學生負責提出戲劇意念，並帶領其他人一起探索。

四、表現指標

　　在一連串的課堂中，學生經常／偶爾／甚少：
■ 能提出、探究、實驗一些新的構想和創作意念；
■ 能以不同戲劇風格和種類來表達不同的情緒與效果；
■ 能解釋服裝、布景和技術效果如何影響觀眾的反應、情緒和氣氛；
■ 能積極地與他人合作設計演出，為演出的議題和構想注入新視點；
■ 能注意到文本的傳達方式及為其提供特定的觀點（聲音）；
■ 能利用聲音和動作去創造及模仿人物，以維持觀眾的興趣。

92

五、線索材料

一個人的一生中扮演許多不同角色，
他的演出可分為七個階段。首先是嬰孩，
在褓姆的臂彎內啼哭嘔吐。
然後是背著書包、滿臉泣訴的學童，
帶著朝陽般的面頰，拖著蝸牛般的步伐，
心不甘情不願地上學去。接著是情人，
似火爐般的嘆息，唱著悲傷的歌謠，
念著戀人的柳眉。跟著是一個軍人，
滿口唸著古怪的誓言，長著像豹子般的鬍鬚，
計較名聲，急爭好鬥，
即使處身於炮口，亦要追逐如泡沫般的榮名。然後是法官，
挺著圓胖如塞滿閹雞的肚子，
帶著凜冽的眼光，修理整齊的鬍鬚，
口裡掛著智慧的格言和流行的常例；
他就這樣扮演了這個角色。第六個階段的他
變成了彎著身軀、趿拉著鞋子的老叟，
鼻上架著眼鏡，身旁懸著煙袋；
年輕時省吃儉用留下來的長襪子套在皺癟的小腿上顯得過於寬大；
他那充滿男子氣概的聲音，
變回了像孩子般的尖聲，
有如混著風笛和哨子的鳴叫。人生的最終幕，
以此結束這一生古怪多事的歷史，
重返孩提時代，忘記所有，
沒有了牙齒，沒有了眼睛，沒有了味道，沒有了一切。

——摘錄自莎士比亞《皆大歡喜》第二幕 第七場

1.

所羅門‧昆地

所羅門‧昆地
星期一呱呱墮地
星期二受浸洗禮
星期三成家立室
星期四罹患染疾
星期五病入膏肓
星期六天國歸去來兮
這就是所羅門‧昆地的一生。

2.

喬瑟芬‧賈蔻碧

喬瑟芬‧賈蔻碧
星期一呱呱墮地
星期二墮落沉淪
星期三男友出走
星期四逐出家門
星期五找到工作
星期六錢財盡失
星期日哭啼整日
星期一嬰孩出世
你是否知道她的名字？
就是喬瑟芬‧賈蔻碧

3.

 **生命的節奏** *93*

　　教師介紹這系列課堂的學習目標。告訴學生將會探討在人生不同階段有關身分塑造的議題，然後，創造一個完整的中心角色，探索這角色和參與塑造其身分的人物關係。藉此編作一個應用了多元敘事技術及電影手法的演出作品。

　　教師可以先與學生一起閱讀在莎士比亞的《皆大歡喜》（*As You Like It*）中傑克斯（Jacques）的演說，解釋當中的生詞。把同學分成小組，每組細心重讀這篇演說，找出文中提及到的七個人生階段與莎士比亞對每個階段的描述。例如：他如何形容文中的「他」的老年呢？

> 教師可以依照學生的狀況，利用活動來激發討論，提供一個表現豐富的／演繹出來的二度閱讀。學生站著圍成一圈，每次邀請一位自願者到圓圈的中心，仿效／誇張地模仿文中那個男人的每一個生命階段。學生可以隨著文本，自願到圈中演繹某一段落，完成後返回原位。亦可以全班同時一起移動，回應在莎士比亞作品中所描述的影像。

　　每組需針對以下兩個問題進行討論，然後向全班報告：

■ 你們能否在現代社會裡辨認出這七個階段呢？還是這幾個階段已經轉變了？

■ 你認為我們所有人是否都會經歷各個相同的階段，還是認為每人的經歷都各異呢？

　　教師帶領全班針對每組不同的回應進行討論，須特別注意在莎士比亞文本中提及到有關由童年到「重返孩提」的循環。

　　教師介紹〈所羅門‧昆地〉（Solomon Grundy）這首詩，跟全班一起討論它與莎士比亞文本的相同及不同點。為何這首詩篇能成為英國文化中人所皆知的童謠？特別讓學生留意詩中韻律的節奏，這是否是這首詩吸引人的地方呢？

　　最後，教師介紹〈喬瑟芬‧賈蔻碧〉（Josephine Jacobie），一首改編自〈所羅門‧昆地〉的現代童謠。分成小組，每組討論下列問題，然後向全班報告：

這些問題是用來引發討論。討論的目的是要讓教師與學生共同在想像中開始把「喬瑟芬‧賈蔻碧」構建出來。這首詩如何影響我們對她的學習生涯、家庭及培育文化、智慧的假設？她是如何被塑造的？藉著這些對她的想像中，同時也反映了我們自己的什麼呢？我們為何會對她有這樣的聯想？喬瑟芬和我們有何分別？這些都是重要的討論範圍。教師需要敏銳地帶領討論，適時向學生提出反思問題作回應，讓他們思考個人對「自己」與「他人」的觀念。這些跟現實對照的思考，將會應用於往後的創作過程中。

94

■ 你們認為是否所有女孩／女士都會經歷這些階段呢？如果不是，那什麼樣的女孩會經歷這些階段呢？

■ 為什麼「他們」把那名嬰孩稱作喬瑟芬‧賈蔻碧呢？

■ 有什麼可以令喬瑟芬的孩子不重蹈母親的覆轍呢？

■ 你們認為這首詩是否用來警戒所有像喬瑟芬一樣的女孩呢？若是，那警戒的訊息會是什麼呢？

教師跟全班同學一起運用「牆上的角色」手法，集體建構喬瑟芬・賈蔻碧這個角色。可利用以下的問題引發學生們的想像：

她是一個怎樣的女孩？

你們想像一下她的家庭背景及學校生活？

她心中有何想法？

她在其他人眼中是怎樣的人？

你有什麼問題想問她？

全班分成小組，每組須以歌唱韻律，配以代表喬瑟芬的「一星期」裡的每一天的簡單姿勢，把整首詩表演出來。教師可以介紹一些表現詩篇節奏的手法如拍手、饒舌（rap）、循環輪唱等；也可以邀請學生出來示範呈現代表其中一天的姿勢。此外，小組也需要設計演繹喬瑟芬周而復始的生命歷程，亦即是在演出中要表現出她的孩子如何重複她的生命經驗。在小組進行工作的時候，教師應四周觀察，發現有好的想法時，可以暫停各組的排練，向大家指出那些可以參考的優點。

> 這給予學生一個高能量地使用聲音及肢體的機會。教師應鼓勵學生的演出要保持明快的節奏。

完成彩排後，各組輪流分享創作成果。教師可以在每組演出後，邀請其他小組的組員給予評語，讚賞演出的優點，指出可以改善及加強的地方。

95

教學片段二　喬瑟芬的希望與恐懼

　　教師安排學生分成八個三人小組，每組負責設計演繹喬瑟芬的「一星期」裡的其中一天，嘗試為該天創作一個核心影像。三人當中，一人當導演，其餘二人為演員。導演的角色是要帶領演員討論，商討一天中哪一個時刻能抽出來獨立發展。如何選取及創作一個能為那一天「代言」的影像呢？討論亦須包括如何最佳地運用第二名演員去呈現與喬瑟芬的張力，或是喬瑟芬當天的重要經驗。接著，導演可以與演員一起創作那個影像出來，然後把它放於一個最有效果的位置。

> 當然，以上假設只有二十四名學生參與。如果你的學生人數較多，小組可以多於八組，幾組同時依據相同的一天來創作，比較不同組別的演繹；或是維持八組，而每組增加演員／導演人數。

　　當每組準備好以後，教師示意小組逐一把影像呈現出來。每組完成呈現後，留在原位。小組演繹完畢，所有非扮演喬瑟芬的學生離開原位，教師跟著輪流向每一位喬瑟芬發問：「你的希望是什麼？」及「你的恐懼是什麼？」請一位自願者把喬瑟芬的答案加進「牆上的角色」內。

　　接著，另一位演員坐在圓圈中間的椅子上，讓其他同學以坐針氈形式訪問，從而讓人了解這些人物眼中的喬瑟芬，或對當天事件的看法。

　　完成兩項活動後，教師可與學生一起就喬瑟芬的答案及訪問角色時提到的議題、想法及主題進行回應及討論。全班可以有第二次機會把新發現的資料加到「牆上的角色」中的喬瑟芬身上。

96 教學片段三 **代表一週的歌曲及符號**

在同一個小組中，學生製造或找尋一件可以象徵負責那一天的物品，以及選一首在當天會在收音機中聽到的歌曲。鼓勵學生運用反諷的技巧，使得物品與歌曲之間產生情感的差異。例如：星期一那天，放置一隻破爛的玩具熊，同時收音機正在播放史提夫‧汪達（Stevie Wonder）的〈祝你生日快樂〉（*Happy Birthday to Ya*）。

物品也可以包括不同種類的文字，如信札、卡片、備忘、相片、海報、小說、詩篇等。自行製作或現成的文字／物品帶有雙重的對比作用，用來作為一件道具，擺放在戲劇空間當中；可是因著它的存在，同時亦改變著整個布局，傳遞出一種很不一樣的訊息。

當每組準備好後，把所有物品精心地放置於圓圈中心的位置。教師形容分享的方法有如電影的開場，音樂漸入及漸出的同時，攝影機遊走拍攝於不同物品之間。首先，所有人把注意力集中看著代表星期一的物品，演出組唱出選取的歌曲，其他人慢慢地加進合唱。如此類推，每一組輪流唱出歌曲。當所有歌曲演唱完畢後，所有學生走近物品，仔細觀察及／或向製作人提出關於該物品的問題。

這個練習是為了實踐第一部分中提到的三個重要漸進發展原則之一──使學生變得更有選取能力、更有深度地運用符號和姿勢來製造及呈現意義。過程中，學生透過細心揀選物品、考慮擺放位置、選擇配合／反諷該物品的歌曲，學習如何去利用物品及音樂的拼湊來為角色代言，藉此告訴觀眾關於她的點點滴滴及發生在她身上的事情。

　　教師亦可以採用第二種方法：每組把物品置於場景中，運用數位相機為它拍攝單一或數個影像，甚或為它以攝錄機拍攝短片。這個活動目的是要學生從電影角度出發，運用鏡頭，增強該物品的戲劇效果。每組為選取歌曲預備MP3，一邊以電腦簡報（power point）呈現拍攝的影像，一邊播放歌曲。

這個任務對學生的選取能力及深度是一種更大的挑戰。學生必須考量觀眾觀看物品的眼光，以及如何安排觀眾的位置，使其與拼湊影像產生關係。

97 ### 教學片段四　暴風眼中的喬瑟芬

　　教師把全班重新分成五個小組，自行或與全班商討選取一週中的其中五天作創作演出。每組負責一天，創作一個自然主義的演出片段。同樣地，學生需要從一天眾多可能發生的事件中，選出其中一件最能為那一天「代言」的事件，或最能總結當天經驗的片段，來繼續進行創作。

　　教師向小組提出在創作時需要考慮的限制。片段必須始於「暴風剛過後」的時刻，即使暫時風平浪靜，但暗潮洶湧，許多隱約不明但重要的行動仍在不斷推進，隨時都會有再刮起暴風的可能。換言之，片段的內容必須描述角色「在暴風眼中的情況」。

　　小組所用來建構張力以觸發另一場風暴的行動及言語，必須要連結到喬瑟芬的自我放棄。簡言之，片段中必須呈現出喬瑟芬在某程度上要為她自己的處境負責，她其實也把自己逐步推向深淵。當所有片段表演完畢，教師可以邀請學生指出在哪些片段中喬瑟芬本來應該為自己挺身而出，或者可以做一些事情去改變現狀，而她卻選擇放棄自己。

詩篇中的喬瑟芬非常被動，只有周遭的人在向她行動。教師可以她為例，使學生反思現實中的自己，提醒學生每個人都應參與塑造自己的過程。或許，我們只被教導一種生活模式，但其實我們是隨時可以重新再學習及改變現狀的。假如，教師想把這個主題的焦點放在個人及社交的學習上，你可以讓學生運用論壇劇場的手法，探討每個片段的重要時刻，由觀眾向喬瑟芬建議一些話語及行動，使她停止繼續成為犧牲品。此外，全班也可以一起評估喬瑟芬執行改變的可能性。

98 　教學片段五　**他們如何稱呼她？**

　　教師跟學生一起建構剛產下小孩的喬瑟芬的形像。若先前演出片段中曾出現過合適的影像（image），可以在此繼續使用或重塑。教師也可以邀請一個自願者出來，讓全班把影像模塑出來。影像中必須呈現喬瑟芬的孩子及她對孩子的反應。她會否抱著她？還是背向著她？學生在擺放喬瑟芬及其孩子的影像時，要同時向大家解釋自己的理由。當全班完成建議後，教師可以給予扮演喬瑟芬的學生一個機會，讓他從眾多建議中選取一個影像。訊號一下，該名學生就把選取的影像呈現出來。全班一起反思、回應她的選擇。

　　教師請學生想像一下，還有什麼人會在醫院病房裡。當喬瑟芬躺在床上時，她會注意到些什麼呢？她如何從身邊的耳聞目睹去構建自己及世界？

　　教師邀請全班學生分別扮演在病房裡的一個角色，逐一地構成一個影像。當他們在選擇位置時，同時要為自己的角色想一句說明，如：「我是一名年輕的護士，正在替病人送藥。」或「我是一名自豪的父親，正在探望孩子的母親。」當所有人站好後，教師會向其中一些角色發問：「當你看著喬瑟芬時，你看到什麼？當她看著你時，她會給你一個什麼樣的目光？」

學生可以按意願發言，不需要每個人都有建議。所列出的可能角色及張力足以成為小組進一步探索及延伸的材料。

　　全班一起自由聯想可能出現的角色、事件及影像。過程中，可以請幾組自願者嘗試把想法演繹出來，供同學參考。教師解釋這將會是一個全班的演出。與電影的風格相類似，鏡頭把我們帶進病房，為觀者選取影像及言語。

　　當每組準備就緒，全班必須要一起考慮、編排出場次序，以達致最佳的演出效果。誰首先演出？「攝影機」應該移向病房的一角，還是應該把每個角落都照到呢？達成共識後，老師入戲為喬瑟芬，全班圍著他來演戲，把各個人物及其說明演繹出來。

　　演出完成後，教師敘述：「喬瑟芬看著鏡頭，直接跟觀眾說話。她會跟觀眾說些什麼？她明白了什麼？她對自己的孩子有何期望？她是誰？」

　　教師向學生發問，在先前教學片段的創作中出現過的角色，有哪些人物沒有來到病房？當喬瑟芬說話時，他們在哪裡？全班決定有哪些角色及他們的位置，建議他們身處的地方及情景。

> 把全班聚集在一起，能使這個活動快捷地進行。任何人有任何建議都可以請自願者把腦中的想法呈現出來。活動重複至所有其他角色都安置完畢。

　　全班回到「牆上的角色」，把新資料加進去。在小組中，學生為喬瑟芬撰寫一段直接向觀眾訴說的獨白，關於她的生命／處境，關於她從經歷中學到及沒有學到的事情。當其中一名組員扮演喬瑟芬演繹獨白時，其餘組員則扮演這些「其他人物」站到空間當中，讓喬瑟芬可以在唸獨白時穿梭於這些角色的影像之中。

演出準備好後，重新安排空間，當中放置一張在病房裡的「床」[6]，其他人物就位。每位喬瑟芬站在演出的起始位置，然後開始演繹獨白；完成後，返回起始位置，輪到下一位喬瑟芬演繹，直至所有組別演出完畢為止。

延伸活動

〈喬瑟夫·賈蔻碧〉（*Joseph Jacobie*）：以六人一組，分成四個小組，學生需要為喬瑟夫創作一首歌謠，然後，把每一句歌詞配上姿勢演繹出來。反思、討論我們在建構「喬瑟夫」及「喬瑟芬」時有什麼不同之處？這反映了些什麼？

這個作品可能成為全班編作演出的核心，題目可以是關於塑造身分，或對不同性別年輕人成長的期望，或青少年的兩性關係等等。

---

6 譯注：床可以一些物件、課室中的傢俱，甚或特定一個位置來象徵。

從 A 到 Z 的戲劇
慣用手法及技巧

100

　　這裡是一系列依英文字母系統來排列的戲劇慣用手法及技巧。它們常被放在戲劇教學文本、政策及課程文件中作為參考。這些慣用手法本身並未經過組織，它們就像是磚塊或調色板上的顏料一樣，需要跟其他東西結合，才可以成為一座完整的建築物或調色效果。好比烹調食物，這系列的慣用手法就如食譜中的食用材料般，唯有把「食材」加以結合、融匯才可呈現出令人滿意的膳食（蒙太奇式結構）。以下我只對每個最常用的手法下簡單的定義，如欲對更多慣用技巧及手法有更深一步認識，可以參考《建構戲劇——戲劇教學策略 70 式》[1] 一書。

心底話 （*Alter-ego*）	這個手法牽涉到除了演繹角色的學生以外的另一名學生，利用他作為角色的延伸。它主要用來表達角色的情感或其「內心說話」。縱使這個角色不能透過台詞或潛台詞去表達本身的情感，透過這個手法，也加深了其他人對他在某個情境中情感的了解。表達可以語言或肢體方式進行。本手法配合坐針氈一起使用，會更有效果。
合聲朗誦 （*Choral speak*）	一篇文章分成不同段落，由集體誦讀出來。文本可以是戲劇類文字或其他。設計

1　譯注：此書原版為 Neelands, J. (Goode, T. ed.). (1990). *Structuring Drama Work.* Cambridge University Press。中文版為舒志義、李慧心（譯）（2005）。Jonothan Neelands, & Tony Goode 著。台北：財團法人成長文教基金會。

朗誦的模式，應對原文內容予以評論或發展，而非只是跟隨原文逐字逐句的演繹。這個手法與其他慣用手法如定格形像或默劇一起使用會有更佳效果。

巡迴戲劇 （*Circular drama*）	這是小組演戲的變奏，每個小組圍繞相同的中心角色負責演繹不同的情景。每組準備被分配的情景，然後教師入戲為該中心角色，輪流與各小組在情景中即興互動。這個手法可以呈現中心角色在多種公共及私下情景中的不同反應。
集體角色 （*Collective character*）	學生集體演繹同一個角色，每人都以該角色身分來發言。這樣可以讓整個班級都能投入在對話當中，例如，全班分成兩半，各自集體演繹一個角色，互相進行對話。每個發言的內容不必與他人一致，不同的態度都可以從中表達，所以演同一個角色的學生在與另一組角色的同學對話時，也同時與同組的伙伴對話。
增添新意[2] （*Come on down!*）	如果有任何遊戲節目能夠顯現、製造一種反諷效果的事件與角色，不妨加以應用。

101

---

[2] 譯注：針對一些沒有新意的劇情，這個手法嘗試注入新的演繹模式和風格，以刺激思考。

脫口秀也可以是坐針氈的另類形式；學生應該在他們的創作中識別、保留遊戲節目的共通特性。

衝突建議 （*Conflicting advice*）	在指定情境中，提供角色一些衝突建議，作為其行動的參考。建議需要在角色中進行，由戲裡其他角色提出，演繹該角色腦海中的聲音。這個手法也可以發展到容許角色與該聲音對話，挑戰它提出的建議，與聲音進行辯論。
迴音巷 （*Conscience alley*）	這個手法通常在角色面對關鍵時刻時進行。當角色遇到兩難、問題或抉擇的時候，他會走過兩旁站著同學的中間通道，當角色走過時，站著的同學會以自己或角色中的身分向角色提出建議。建議也可以是先前在戲中出現的台詞或話語。
定義空間 （*Defining space*）	謹慎地把戲劇中的空間劃分成不同的位置或時代背景。劇中的重要場景，例如一間特別的房間，需要利用現有的道具及傢俱把它重構出來。
紀錄影片 （*Documentary*）	戲劇中的事件可以轉化為紀錄影片，又或者可以透過紀錄影片中的材料如經典電影《大國民》（*Citizen Kane*），來建立戲劇裡的角色。

倒敘手法 （*Flashback*）	當現在的場景不斷顯露，或者劇中角色在特別時刻面對過去的種種影像的時候，倒敘手法的使用可以加強戲劇中的現在與過去之間的關係。
論壇劇場 （*Forum theatre*）	小組演出戲劇，其他人作為「觀察者」。所有「演出者」及「觀察者」都有權在任何時刻喊停，然後向劇中角色提出行動意見。要求「演出者」依照意見重演，以帶出另一個觀點或焦點。過程中也可以運用其他慣用手法來增加戲劇的深度。這個手法的重要特性之一，是創作的責任不只在「演出者」，而是所有參與人士（「演出者」及「觀察者」）都有責任去進行創作；事實上，「演出者」反而像一個受操偶師控制的木偶。
裝腔作勢 （*Gestus*）[3]	學生在台上表演一系列特別設計的動作或姿勢，讓觀眾清楚地從中看到關於整個演出的主題或歷史背景，以及學生正在創作

[3] 譯注：布萊希特所提出 Gestus 這個詞，包括姿態（gesture）與要旨（gist）兩層意義，特指那些透過語言或動作（action）傳遞的社會態度。舞台上，透過模擬與強調某種 Gestus，也許是一個手勢、一句話，也許是音調、面部表情，或是一組畫面，把劇本隱含的社會態度揭示出來。

的即時情境。例如：一枚不合尺寸的戒指；一個被粗心大意的父母丟下的洋娃娃；一個正在嘗試把手洗乾淨的殺人兇手。

流言圈 （*Gossip circle*）	以謠傳及流言的形式，在社區中散播對角色私下及公開的行為的評論。當那些謠傳被不斷「擴散」時，它會變得越來越誇張及扭曲。這是一個有效的手法來識別張力、衝突及矛盾，以作為進一步探究的材料。
集體塑像 （*Group sculpture*）	以小組或個人形式，把志願者的身體模塑成以非具象為本質的形態，用塑像來回應特定的主題或議題。這種集體創作「塑像」的方式，促使成員把自己對戲劇中事件的詮釋表達出來。這不同於著重呈現原意的定格形像手法。
新聞頭條 （*Headlines*）	以新聞頭條為形式的陳述，把注意力集中在戲劇中特定的範疇。以定格形像把幾則新聞頭條呈現出來，可以凸顯不同的觀點與偏見。
坐針氈 （*Hot-seating*）	成員訪問角色，了解他的價值觀、行為動機、關係與行動。這是一個很好的彩排技巧，可以幫助演員透過回應別人的問題來豐富及發現要演繹角色的新面貌。發問者

	可以入戲為目擊者、歷史學家、偵探等。如果訪問的時刻正是角色受壓力之時或其人生轉捩點,將會增加戲劇的張力。
冰山 (*Iceberg*)	將冰山的圖像繪畫出來,是其中一種反思手法。學生需要分辨出在場景中的台詞及潛台詞,然後,把台詞記在冰山的水面,潛台詞寫在圖中水平線之下。
即興創作 (*Improvisation*)	學生即時演繹一個特定的處境,回應指定的情況(何人、何地、何時、什麼)。由學生先準備一個非文本的演出或處境,與入戲教師或其他組員入戲的角色進行即興互動。
訪問/調查 (*Interviews, interrogations*)	角色被「記者」訪問或是由權威人物盤問,了解他的動機、價值觀及信念,或引發出更多關於特定處境的事實。
信札 (*Letters*)	教師/導師把信札發給全組或小組,為現行的戲劇引入新的意念、焦點或張力。參加者也可以在自己或角色中的身分來寫信,把想法具體化或反省過去的行動。
專家的外衣 (*Mantle of the expert*)	這個手法的重點是學生要在戲劇處境中扮演擁有專門知識的角色。原始的「專家的外衣」手法,需要全面的教與學、跨學科

為背景。但是，我卻認為單單邀請學生扮
演專家已經是相當有力量，能引起動機與
增權。

重要時刻 （*Marking the moment*）	這個手法允許學生反思戲劇中的某個時刻，將自己的強烈反應、情緒或感覺與組員分享。反思是在角色外進行，因此所有回應是反映參加者自己本身而非角色的想法。可以使用其他合適的慣用手法與其他成員分享這個時刻。
會議 （*Meetings*）	成員聚集在一起，利用正式會議的形式，提出一些問題或討論一些資訊；會議可能進一步受控於故事中的在地文化情景，例如權力及角色的地位等。這是一個很有用的手法，讓教師在故事中向學生提供資訊、製造氣氛或注入張力，而不需要將戲劇停頓下來。
真實時刻 （*Moment of truth*）	這個技巧協助團隊創作劇中的最後一幕。為了創作一個銳利準確的焦點，成員必須要對劇中的重要事件及張力進行反思性討論。
說故事 （*Narration*）	由一名參加者說故事，其他人「演繹出來」；或是以敘述形式連接一連串的場景，敘述可以是簡單地說故事，或更重要

103

地，從一個特定的觀點評論戲劇中的行動。

隔牆有耳 （*Overhead conversations*）	成員「聆聽」劇中角色之間的「私人」對話。一個有趣及具挑戰性的發展是：成員要決定到底要不要把偷聽回來的資訊用於劇情中，或是決定哪些訊息必須裝作不知道。要讓參加者聆聽私人的對話，教師／導師可引入新的意念、威脅或問題，來製造多種不同詮釋的謠傳。
私人物品 （*Private property*）	小心地選取個人物件，如物品、信札、報告、服裝、玩具、獎牌等，運用它們來介紹或建構角色。從物品中蒐集得來的私密資訊可能與角色形成對照，可能只反映角色的有限資料，或甚至表現一個相反的自我形像。私人物品為角色的語言及行動製造潛台詞。
事件重演 （*Re-enactments*）	為了對一個處境進行深入的探究，我們可以把一場「已經發生」的戲或一個事件重演。假如它是為了用來澄清事實或確認謠傳的來源，那麼它可以提供一個有力的焦點，去讓學生檢查、確定全組對該特定情境的理解。

新聞報導 （*Reportage*）	參加者以記者（或任何一種媒體）的方式報導一個情境，報導可以是用角色或自己的身分進行。
儀式與典禮 （*Ritual and ceremony*）	學生創作合適的儀式與典禮，讓劇中角色透過慶祝來標誌重要時刻／事件。例如週年紀念、不同的周期儀式、入會儀式、信仰等。
牆上的角色 （*Role on the wall*）	這是一個以人形圖像形式記錄角色資料的手法，學生會把角色的重要台詞、片語、想法或感受寫在圖像上。如學生發現更多有關角色的資料，他們可以把原有的概要保留及重新編輯。
小組演戲 （*Small-group drama*）	將全班分成小組，各自根據與主題相關的詮釋或發展進行演練。
聲效配襯 （*Soundtracking*）	利用聲音為劇中的「地點」營造氣氛。聲效可以是預先錄製或現場演奏，甚至由參加者製造出來。
人際空間 （*Space between*）	學生安排角色的空間位置，以呈現他們彼此間關係的距離（多遠、多近；誰跟誰相近）。學生也要注意角色在故事發展過程中距離的轉變，角色們是越走越近，還是越走越遠呢？學生也可以嘗試形容距離的象徵，如背叛、恐懼、權力等。

104

屏幕分半 （*Split-screen*）	學生可以設計兩個或以上的場景以顯示劇中的不同時刻及地點。然後，他們的演出可以像電影／電視一樣，前後遊走於兩個場景之間。要小心處理兩個場景的編排，以加強它們之間的連繫、比擬或諷刺性。
定格形像 （*Tableau*）	參加者以肢體創作形體影像來呈現戲劇中的一刻。結合聲效配襯與思路追蹤能使這手法應用於許多不同的境況。嘗試連結運用兩個或以上的慣用手法，來發展故事順序或預測可能的結局。
教師入戲 （*Teacher-in-role*）	簡言之，此手法即是指教師／導師跟學生一起參與演出。教師通常會由於種種原因而不情願參與扮演，可是，毫無疑問地，學生卻對教師與他們一起參與演出常給予正面的回應。
電話中對話 （*Telephone conversations*）	根據應用此手法的目的，可以安排聆聽者只聽到談話的一面或兩面。教師／導師可藉此來為故事增加資訊、發展情節或注入張力。
自圓其說 （*This way-that way*）	同一個場景或事件由不同的說書人演繹。場景的內容可以根據說書人的興趣及觀點而做出些微的改變。

思路追蹤 （*Thought tracking*）	角色透過這個手法來反映內心想法，可以由扮演那個角色的演員說出，或是由其他成員代言。特別可以用來放慢戲劇的步調及增加戲劇深度，尤其是與定格形像一起使用。
線索材料 （*Unfinished materials*）	成員可能被給予一些未完成的文章、圖畫、圖像、錄音或錄影。任務的目的是要把它完成，或去探究為何它不被完成。
情感透氣孔 （*Venting*）	這是思路追蹤的變奏。這個手法可使學生把角色在某一刻腦海中的感受、情緒、困惑、含糊性提出及宣洩出來。幾名學生可以同時製造「對話」或示範對角色的心情的不同看法。
全組演戲 （*Whole-group drama*）	所有參加者包括教師／導師，共同在戲劇的同一時刻演出（見會議手法）。

105

參考書目

戲劇教育之理念與哲學

Boal, A. (1994). *The Rainbow of Desire*. Routledge.

Bolton, G. (1984). *Drama as Education: An argument for placing drama at the centre of the curriculum.* Longman.

Bolton, G. (1992). *New Perspectives on Classroom Drama.* Simon & Schuster.

Gallagher, K. (2000). *Drama Education in the Lives of Girls.* University of Toronto Press.

Hornbrook, D. (1991). *Education in Drama.* Falmer Press.

Hornbrook, D. (2000). *Education and Dramatic Art* (2nd Edition). Routledge.

Johnson, L. and O'Neill, D. (1984). *Dorothy Heathcote: Collected Writings on Education and Drama.* Hutchinson.

McGregor, L. *et al.* (1977). *Learning through Drama.* Heinemann.

Nicholson, H. (ed.) (2000). *Teaching Drama 11-18.* Continuum.

O'Neill, C. (1995). *Drama Worlds.* Heinemann US.

O'Toole, J. (1992). *The Process of Drama.* Routledge.

Taylor, P. (2000). *The Drama Classroom: Action, reflection, transformation.* Routledge.

Wagner, B. J. (1972). *Drama as a Learning Medium.* Hutchinson.

教授第三學習階段之策略與方法

Bowell, P. and Heap, B. S. (2001). *Planning Process Drama.* David Fulton.〔這是一本介紹過程戲劇設計與教學的手冊，過程戲劇或稱為「活在戲劇中」——是一種集中照顧參與者學習的即興戲劇形式。〕

Clarke, J. *et al.* (1997). *Lessons for the Living: Drama in the transition years.* Mayfair (Canada).〔這本書提供了一系列簡明易用的課堂架構，並對第三學習階段戲劇課程提供教學及設計建議。〕

Crinson, J. and Leake, L. (ed.) (1993). *Move Back the Desks.* NATE.〔這是一本非常出色的書本，提供有關在英語科中教授戲劇的個案研究，及戲劇管理的指引。〕

Fleming, M. (1995). *Starting Drama Teaching.* David Fulton.〔這是一本給戲劇教師的重要入門書，作者透過許多具體的策略來闡述戲劇教學的理念。〕

Fleming, M. (2001). *Teaching Drama in Primary and Secondary Schools.* David Fulton.〔本書中的第一章至第四章尤其有趣。作者結合了理論與實務，透視近二十年來之戲劇發展。〕

James, R. and Williams, P. (1980). *A Guide to Improvisation.* Kemble Press.〔這本書以漸進、簡單及安全的步伐帶你進入戲劇教學，提供有關語言與非語言戲劇模式之練習活動。〕

Kempe, A. and Ashwell, M. (2000). *Progression in Secondary Drama.* Heinemann.〔這是一本非常有用及詳盡的書本，介紹了適合

11 至 18 歲學生，強調漸進概念的戲劇課程框架，內附大量教學建議及教案。〕

Lyon, L., Nicholson, H., Rooke, C. and Wrigley, D. (2000). *The National Drama Secondary Drama Teacher's Handbook*. National Drama Publications.〔這是一本給戲劇課程領導或負責管理戲劇課程的教師實用手冊，提供有關課程設計、評量及其他分部部門的政策制訂建議。〕

Morgan, N. and Saxton, J. (1987). *Teaching Drama*. Hutchinson.〔透過探討不同戲劇教學的本質及類型，本書為教師提供結合選材之戲劇教學方法與策略。〕

Neelands, J. (1984). *Making Sense of Drama*. Heinemann.〔縱使本書有些部分已經過時，可是在第三章至第八章中，能簡要地論及戲劇教師就不同手法的重要基本考慮。綜合了許多教育工作者的工作實例。〕

Neelands, J. (1992). *Learning through Imagined Experience*. Hodder & Stoughton.〔本書提供了一系列策略，強調價值觀及手法之結合，透過戲劇導引學習，應用於國家課程中英語科教學。〕

Neelands, J. and Goode, T. (2000). *Structuring Dramawork* (2nd Edition). Cambridge University Press.〔這本書明確界定了一系列的戲場／戲劇慣用手法，以及建構和發展戲劇或戲劇教學課堂的原則。〕

O'Neill, C. and Lambert, A. (1982). *Drama Structures*. Hutchinson.〔本書為你提供如何為戲劇課活動形塑及發展材料的參考。〕

Smith, K. (1986). *Stages in Drama*. Foulsham.〔這是一本專為臨時的

非戲劇專科教師或代課教師而設，真正融合了戲劇／劇場的
教案書。〕

Taylor, K. (1990). *Drama Strategies*. London Drama.〔本書由一群前
線的倫敦教師所撰寫，提供了有關戲劇課之教案參考及基本
教學策略。〕

Taylor, P. (1998). *Redcoats and Patriots: Reflective practice in drama
and social studies*. Heinemann US.〔從一位把戲劇引進於社會
教育科的教師眼中，探討戲劇在該科中扮演的角色。〕

Winston, J. and Tandy, M. (2000). *Beginning Drama 4-11*. David Fulton.

第三學習階段之後續課程

Cooper, S. and Mackey, S. (2000). *Drama and Theatre Studies* (2nd
Edition). Nelson Thornes.〔這本戲劇與劇場教育科手冊，為高
級補充（AS）及第二考試（A2）[1]程度學生而設。新版包括
了三個主要部分：探索文本、檢視製作、介紹主要劇場工作
者。內含測驗問題、模擬考試練習及參考書目。〕

Cross, D. and Reynolds, C. (2001). *GCSE Drama for OCR*. Heinemann.
〔這是一本為課堂設計及其他計畫案而設的課程綱要指引。〕

Fleming, M. (1997). *The Art of Drama Teaching*. David Fulton.〔透過
不同類型的戲劇文學及練習摘錄，探討劇場的多元慣用手
法。〕

---

[1] 譯注：大學基礎課程（A-Level）包含兩個部分：高級補充（AS）及第二
考試（A2），各占三個教與學的單元。

Kempe, A. (1999). *The GCSE Drama Coursebook* (2nd Edition). Blackwell.〔本書為教師提供一系列選用不同手法的教案，特別採取文學類的劇本為戲劇活動的參考資源。〕

Kempe, A. and Warner, L. (1997). *Starting with Scripts.* Stanley Thornes.〔本書建議相關策略以配合國家課程的要求，為中學戲劇課程提供了一個著重以劇本為演出藍圖的手法。內容架構清晰，能涵蓋所有劇場創作的元素，給予學生認識戲劇製作的完整圖像。〕

Lamsden, G. (2000). *Devising.* Hodder & Stoughton.〔這本簡潔易明的手冊，解開了編作過程的神秘面紗。本書強調發展學生的編作技巧，讓他們得以應付課程中對編作能力的要求。書中按部就班的活動步驟，協助學生進行編作技巧之探究，使他們逐漸增強對創作之信心。此外，還介紹了有關方面的主要劇場工作者，並利用專業編作劇團的個案研究作為學習情境。〕

Mackey, S. (ed.) (2000). *Practical Theatre.* Nelson Thornes.〔這是 Cooper and Mackey (2000) 的指南版本，本書為大學基礎課程中劇場教育／表演藝術科（A-Level Theatre Studies/Performing Arts）綱要及表演藝術職業文憑考試（GNVQ Performing Arts）的實務範疇提供詳盡的涵蓋。引用大量的劇場工作者的專業知識，內容包括劇場實務、支援和科技、如何促成劇場。〕

Morton, J. (2001). *AQA GCSE Drama.*〔這是一本為課堂設計及其他計畫案而設的課程綱要指引。〕

Neelands, J. and Dobson, W. (2000). *Drama and Theatre Studies at A/ S and A Level.* Hodder & Stoughton.〔這本書為在高級補充課程或大學基礎課程（AS/A-Level）中修讀戲劇及劇場教育科的學生提供的指南。藉著提出建議、資訊及練習，協助學生學習及製作戲劇，文字易明並配以圖解、延伸詞彙表、重點強調來輔助學習。〕

Neelands, J. and Dobson, W. (2000). *Theatre Directions.* Hodder & Stoughton.〔本書第一手地敘述了重要劇場工作者對劇場的多元影響，內含二十位重要戲劇家如亞里士多德、阿鐸（Artaud）、布萊希特、果托斯基、凱贊（Kazan）、史坦尼斯拉夫斯基、史特林堡（Strindberg）及左拉（Zola）的文章。〕

O'Toole, J. and Haseman, B (1987). *Dramawise.* Heinemann.〔本書為 GCSE 戲劇課程的課本，當中透過多種以計畫形式的不同素材，提供學習戲劇元素的發展圖像。〕

Taylor, K. and Leeder, J. (2001). *EDEXCEL GCSE Drama.* Hodder.〔這本課程綱要指引檢驗多種戲劇形式，及向學生提供在社會、文化及歷史情境中對戲劇的認識與理解。此外，它也為在戲劇科中對信息技術教育（ICT）、主要技能及公民教育的學習要求提供全面的支援。〕

教授莎士比亞

Ackroyd, J. *et al.* (1998). *Key Shakespeare Book 1.* Hodder.

Gilmour, M. (ed.) (1997). *Shakespeare for All in the Primary School.* Cassell.

Gilmour, M. (1997). *Shakespeare in Secondary Schools*. Cassell.

Leach, S. (1992). *Shakespeare in the Classroom*. Open University Press.

O'Brien, V. (1982). *Teaching Shakespeare*. Edward Arnold.

Pinder, B. (1992). *Shakespeare: An active approach*. Unwin Hyman.

戲劇遊戲

Brandes, D. and Phillips, H. (1978). *Gamester's Handbook* (140 Games for teachers and Group Leaders). Hutchinson.

Brandes, D. (1982). *Gamester's Handbook Two*. Hutchinson.

Scher, A. and Verrall, C. (1975). *100+ Ideas for Drama*. Heinemann.

Scher, A. and Verrall, C. (1975). *Another 100+ Ideas for Drama*. Heinemann.

劇場與演員培訓

Barker, C. (1977). *Theatre Games*. Methuen.

Boal, A. (1992). *Games for Actors and Non-actors*. Routledge.

Callow, S. (1984). *Being an Actor*. Penguin.

Harrop, J. (1992). *Acting*. Routledge.

Hodgson, J. and Richards, E. (1966). *Improvisation*. Eyre Methuen.

Johnstone, K. (1979). *Impro*. Methuen.

Miles-Brown, J. (1985). *Acting: A drama studio source book*. Peter Owen.

現代劇場文本與表演理論

Artaud, A. (1970). *The Theatre and its Double.* Calder & Boyars.

Aston, E. and Savona, G. (1992). *Theatre as Sign System.* Routledge.

Barba, E. and Savarese, N. (1991). *A Dictionary of Theatre Anthropology: The secret art of the performer.* Routledge.

Beckerman, B. (1990). *Theatrical Presentation* Routledge.

Boal, A. (1979). *Theatre of the Oppressed.* Pluto Press.

Braun, E. (1982). *The Director and the Stage: From Naturalism to Grotowski.* Methuen.

Brook, P. (1968). *The Empty Space.* Penguin.

Brook, P. (1987). *The Shifting Point.* Methuen.

Carlson, M. (1996). *Performance: A critical introduction.* Routledge.

Counsell, C. (1996). *Signs of Performance: A history of twentieth-century theatre.* Routledge.

Drain, R. (1995). *Twentieth Century Theatre: A reader.* Routledge.

Esslin, M. (1987). *The Field of Drama.* Methuen.

Fuegi, J. (1987). *Bertolt Brecht: Chaos according to plan.* Cambridge University Press.

Grotowski, J. (1969). *Towards a Poor Theatre.* Methuen.

Magarshack, D. *Stanislavski: A Life.* Methuen.

Schechner, R. (1988). *Performance Theory.* University Paperbacks.

Schechner, R. (2001). *Performance Studies: An introduction.* Routledge.

Styan, J. L. (1978). *Modern Drama in Theory and Practice: Part 1-Naturalism and Realism.* Cambridge University Press.

Styan, J. L. (1978). *Modern Drama in Theory and Practice: Part 2-Symbolism, surrealism and the absurd.* Cambridge University Press.

Styan, J. L. (1978). *Modern Drama in Theory and Practice: Part 3- Expressionism and epic theatre.* Cambridge University Press.

Willet, J. (ed.) (1964). *Brecht on Theatre.* Methuen.

Williams, R. (1968). *Drama from Ibsen to Brecht.* Methuen.

譯後記

　　與 Jonothan 很有緣，說起來，他可算是我在戲劇教育領域上的啟蒙老師。很多年前，有幸參加他首次獲邀來港主持的工作坊，讓我初嘗戲劇教育的力量，也為我製造了更多有關教育戲劇的疑問。終於，我下定決心，離港赴英追尋箇中的真諦。在英國期間，於不同會議中，與 Jonothan 博士碰面數次，不管他有多忙碌，我都能從他身上感覺那股散發出來的戲劇熱情。一直都被 Jonothan 的文字所吸引，覺得他很有人文精神，他的演講如〈*Remember, we are human!*〉[1]、〈*The Idea of IDEA is a People's Theatre*〉[2]、〈*The Human Importance of Drama*〉[3]，每每都令聽者深思，觸動我重新思考戲劇教育的真義。

　　五年前，在英國讀到 *Beginning Drama 11-14*，已對書中完整扼要地述說有關建立戲劇課程的各種討論留下深刻印象。回港後，我主要在前線與教師並肩工作，一方面看到經驗不足的教師對設計戲劇課程及如何準備教學茫無頭緒；另一方面，也看到一些實踐豐富的戲劇教師，無法把經驗轉化為堅實的理論楷模。而坊間中譯的戲劇教育書籍當中，亦鮮有專門提及關於學校戲劇課程的設計理念、評量及戲劇教師所需的專業準備這類題材，致令我產

1　於 2001 年，在澳洲塔斯曼尼亞「AATE/ALEA 聯合會議」中，紀念 Garth Boomer 的演講文章。

2　於 2001 年，在加拿大渥太華「IDEA 2004 世界大會」中的主題演講文章。

3　於 2002 年，在香港「戲劇在校園會議」中的主題演講文章。

生了繙譯此書的念頭。我深明本書的模式緣自英國教育系統的需要，但對於方興未艾的港、台戲劇課程之發展，這無疑是一本不可多得的參考書。

這本書得以完成，除了要感謝 Jonothan 對我的信任，讓我繙譯此書外，還要向許多人奉上謝意。謝謝家人的愛與支持；謝謝林玫君教授及張秉權博士為本書寫序；謝謝蘭蘭對我的啟發與交流；謝謝陳書悉、張麗玉撥冗幫忙閱稿；謝謝心理出版社給予這個出版的機會，尤其是林敬堯總編輯的協助，勞心勞力。還有，我要特別地衷心感謝幼玫，感謝她一直在旁陪伴與叮囑，有她同行，我才可以把這件任務完成。

最後，由於本人繙譯經驗尚淺，只憑一腔熱誠，希望為戲劇教育略盡棉力；書中如有訛錯、失誤，還望諸位讀者，不吝賜教，給予指正。

索引

（條目後的頁碼係原文書頁碼，檢索時請查正文側邊的頁碼）

A

國家圖書館出版品預行編目資料

開始玩戲劇 11-14 歲：中學戲劇課程教師手冊／
Jonothan Neelands 著；歐怡雯譯. --初版.--
臺北市：心理，2006（民 95）
　　面；　　公分. --（戲劇教育系列；41503）
參考書目：面
含索引
譯自：Beginning drama 11-14
ISBN 978-957-702-972-0（平裝）

1. 戲劇——課程　2. 九年一貫課程

523.47　　　　　　　　　　　　　　　95023900

戲劇教育系列 41503

開始玩戲劇 11-14 歲：中學戲劇課程教師手冊

作　　　者：Jonothan Neelands
譯　　　者：歐怡雯
執行編輯：林汝穎
總　編　輯：林敬堯
發　行　人：洪有義
出　版　者：心理出版社股份有限公司
地　　　址：231 新北市新店區光明街 288 號 7 樓
電　　　話：(02) 29150566
傳　　　真：(02) 29152928
郵撥帳號：19293172　心理出版社股份有限公司
網　　　址：http://www.psy.com.tw
電子信箱：psychoco@ms15.hinet.net
駐美代表：Lisa Wu（lisawu99@optonline.net）
排　版　者：臻圓打字印刷有限公司
印　刷　者：昕皇企業有限公司
初版一刷：2006 年 12 月
初版三刷：2016 年 8 月
Ｉ Ｓ Ｂ Ｎ：978-957-702-972-0
定　　　價：新台幣 250 元